ZENYANG DA YUMAOQIU

怎样打羽毛球

编　著：王家宏　施志社

苏州大学出版社

图书在版编目(CIP)数据

怎样打羽毛球/王家宏,施志社编著．—苏州：苏州大学出版社,1996.10(2010.8重印)
ISBN 978-7-81037-255-8

Ⅰ．怎…　Ⅱ．①王…②施…　Ⅲ．羽毛球运动-基本知识　Ⅳ．G847

中国版本图书馆 CIP 数据核字(2006)第 116976 号

怎样打羽毛球

王家宏　施志社　编著
责任编辑　施　放

苏州大学出版社出版发行
(地址：苏州市十梓街1号　邮编：215006)
丹阳市教育印刷厂印装
(地址：丹阳市西门外　邮编：212300)

开本 850mm×1 168mm　1/32　印张 7.875　字数 196 千
1996 年 10 月第 1 版　2010 年 8 月第 8 次印刷
ISBN 978-7-81037-255-8　定价：11.00 元

苏州大学版图书若有印装错误，本社负责调换
苏州大学出版社营销部　电话：0512-65225020
苏州大学出版社网址　http://www.sudapress.com

出版者的话

我国的全民健身活动，自 1995 年国家制定和颁布《全民健身计划纲要》以来，已成为由政府倡导、社会支持和全民参与的一项有目标、有任务、有措施的宏伟工程。这项工程的有效实施，首先需要大力宣传全民健身计划对提高中华民族素质和促进我国社会主义现代化建设的深远意义，提高全体国民的健身意识，转变"无病即健康"等旧观念，树立科学的健身、健康理念。其次，全民健身活动的实践需要知识的推广、方法的指导和理论的推介。因此，必须强化健身知识、健身方法和健身习惯等方面的教育，使全民健身活动得以健康、广泛、持久地开展。

为了宣传和促进全民健身，我社曾策划并组织出版了"全民健身活动知识丛书"，向读者提供系统实用的体育知识和健身方法，内容涵盖球类运动、武术、器械、健美操、健身跑、体育游戏等各个方面。丛书推出后获得了广大读者的好评，取得了良好的社会效益。

进入新世纪以来，随着经济社会的发展以及工作和生活节奏的加快，人们的健康意识在不断增强，健康观念在不断更新，健身运动日益丰富多彩。尤其是北京申奥成功和 2008 年奥运会在我国的举办，已经并将继续推动全民健身运动的健康发展，"全民健身与奥运同行"赋予全民健身活动以崭新的时代色彩。与此相适应，我们从已经出版的“全民健身活动知识丛书”中选取有广泛群众性和较高普及性的几大球类运动，组织作者作了全面增删修订，并增加了如高尔夫等新兴球类项目，力求融时代性、知识性和鉴赏性于一体，以期为推进新世纪的全民健身活动尽一份绵薄之力。

天下之要，人才而已。天生万物，惟人为贵。国家的兴旺发达，社会的文明进步，经济的发展繁荣，从根本上说都取决于全体国民素质的提高，而身体素质则是思想道德和科学文化等素质的物质载体。因此，全民健身活动不仅能使当代人受惠得益，而且将为培养下一代，为我们国家立身于世界先进民族之林打下坚实的基础。

苏州大学出版社

2006年10月

目录 ·怎样打羽毛球·

前言 ·怎样打羽毛球·

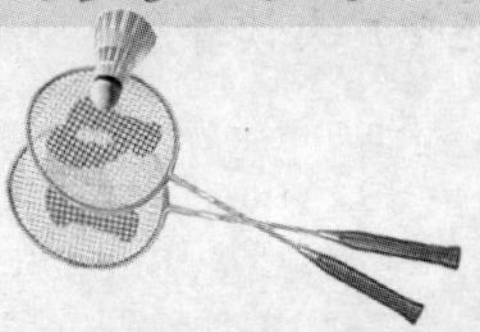

现代羽毛球运动在19世纪中叶诞生于英国。随着人类社会的不断发展,现代羽毛球运动在全世界范围内逐渐传播开来。当今世界信息技术突飞猛进,羽毛球运动也步入了一个崭新的发展时期,除了竞技水平飞速提高外,它还发展成一门科技含量甚高的竞技体育运动。比赛场上较量竞技水平,场下钻研基础理论,这是今天羽毛球运动发展的趋势。因此,不少国家一方面将电子计算机广泛运用于选手的挑选、各种动作技术的分析、模拟世界优秀选手的攻防技术动作以及收集有关信息资料等,另一方面不断地加大基础理论研究的力度。以美国为例,其羽毛球竞技水平同亚欧一些国家相比有相当的差距,可称作是羽毛球“弱国”,但这并没有影响美国对羽毛球运动基础理论的研究,目前美国出版的羽毛球运动方面的专著已达七百多种,从这个意义上讲,美国又是羽毛球运动理论研究的强国。仅就竞技水平来说,我国是世界公认的羽毛球运动强国,但我国在这项运动的基础理论研究方面却相对滞后,相关的著作很少。因此,本书对我国现阶段羽毛球运动基础理论予以关注,希望对羽毛球运动基础理论研究起到推动作用。

羽毛球运动受到了人民群众的喜爱,逐渐成为男女老少皆宜的健身运动。人们从欣赏羽毛球运动到参与羽毛球运动,上升到享受羽毛球运动。通过参加羽毛球运动锻炼，人们不仅可以提高身体素质、增进健康，还能培养良好的意志品质，陶冶情操。

本书集知识性、实用性于一体，较为全面地介绍了羽毛球运动概况、基本技术与战术、训练方法、竞赛规则和裁判法、赛事名人等，希望能为广大羽毛球运动爱好者提供帮助和指导。

限于作者水平，书中难免有谬误和不当之处，还望广大读者惠予指正。

编　者

2006 年 8 月

第一章　羽毛球运动的起源与发展

第一节　羽毛球运动的起源

羽毛球运动的起源众说纷纭，主要的说法有以下几种。

一、油画之说

据有关资料表明，最早出现有关羽毛球运动的文字记载是法国著名画家乔丹（1699—1779）所画的一幅题为“The shuttle cock”（羽毛球）的油画。画中的一名少女，手握穿有网弦的羽毛球拍，球由球托插有七根不同颜色的羽毛所制成（图1-1）。

图 1-1　油画“羽毛球”

二、起源于日本

相传羽毛球最早出现于 14 ~ 15 世纪时的日本，球拍是木制的，球用樱桃核插上羽毛制成。这种球由于球托是樱桃核，太重，球飞行速度太快，使得球的羽毛极易损坏，加之球的造价太高，因此该项运动时兴了一阵子就慢慢消失了。

三、出现在印度

大约至18世纪时,印度的普那出现了一种与早年日本的羽毛球极相似的游戏,球用直径约6厘米的圆形硬纸板,中间插羽毛制成(类似我国的毽子),板是木质的,玩法是两人相对站着,手执木板来回击球。

据考证,类似羽毛球活动的板球游戏在中国古代也早就有了。

四、诞生在英国

现代羽毛球运动诞生于英国,大约在1800年左右,由网球派生而来。我们可以注意到现今的羽毛球场地和网球场地仍非常相似。1870年,出现了用羽毛、软木做的球和穿弦的球拍。1873年,英国公爵鲍弗特在格拉斯哥郡伯明顿镇的庄园里进行了一次羽毛球游戏表演。从此,羽毛球运动便逐渐开展起来,“Badminton”(伯明顿)即成了羽毛球的名字。那时的活动场地是葫芦形,两头宽中间窄,窄处挂网,直至1901年才改作长方形(图1-2)。

图1-2　英国羽毛球活动

1875年,世界上第一部羽毛球比赛规则出现于印度的普那。

三年后,英国又制定了更趋完善和统一的规则,当时规则的不少内容至今仍无太大的改变。

1893 年,世界上最早的羽毛球协会——英国羽毛球协会成立,并于 1899 年举办了全英羽毛球锦标赛。

1934 年,由加拿大、丹麦、英国、法国、爱尔兰、荷兰、新西兰、苏格兰和威尔士等国发起成立了国际羽毛球联合会,总部设在伦敦。从此,羽毛球国际比赛日渐增多。

1934~1947 年,丹麦、美国、英国、加拿大等欧美选手称雄于国际羽坛。

在 1948~1949 年举行的首届世界男子羽毛球团体锦标赛——"汤姆斯杯"赛中,马来西亚队荣获冠军,从而开辟了亚洲人称雄国际羽坛的时代。在 1948~1979 年间的 11 届汤姆斯杯赛中,印度尼西亚队夺得 7 次冠军,马来西亚队夺得 4 次冠军。20 世纪 60 年代前期,中国队后来居上,1963 年、1964 年打败世界冠军印度尼西亚队,1965 年又全胜北欧诸强,被誉为"无冕之王"(因当时我国未加入国际羽联,不能参加世界性锦标赛)。

世界女子羽毛球团体锦标赛——"尤伯杯"赛于 1956 年开始举行,前 3 届冠军均被美国人夺得。从 60 年代后期起,优势逐渐转移到了亚洲,日本和印度尼西亚队包揽了历届比赛的冠亚军。

70 年代以来,男子羽毛球技术处于领先地位的是印度尼西亚队和中国队。1982 年,中国队首次参加汤姆斯杯赛就荣获冠军。中国队的技术受到了世界羽坛的普遍赞扬。70 年代后期,日本、韩国、巴基斯坦、泰国、马来西亚等国家和地区的羽毛球技术也有了长足的进步,在国际比赛中取得了较好的成绩。欧洲的丹麦、英国、瑞典等国在发挥原有特点的基础上,广泛吸取了亚洲人的技术和经验,技术水平稳步提高,至今仍不失为羽坛劲旅。女子方面,可以说是中国、印度尼西亚、日本三强鼎立。1982 年,中国队首次参加全英锦标赛,即获得了女子单打冠亚军和双打冠军。到了 80

年代后期,马来西亚队、韩国队有了长足的进步,多次获得国际羽毛球大赛的男子团体冠军、双打冠军。女子方面,中国、印度尼西亚继续保持领先,韩国女队迎头赶上,是目前中国队、印度尼西亚队的主要对手。

1978 年 2 月,世界羽毛球联合会于香港成立。1981 年 5 月,国际羽毛球联合会和世界羽毛球联合会正式合并。

目前,国际羽联已拥有一百四十多个会员国。国际羽联管辖的世界性比赛有:汤姆斯杯赛(世界男子团体锦标赛),从 1948 年开始,每三年举办一次,1984 年起改为每两年举行一次;尤伯杯赛(世界女子团体锦标赛),从 1956 年开始,每三年举办一次,1984 年起改为每两年举行一次;世界锦标赛(单项比赛),1977 年开始举行首届比赛,1983 年起每两年举办一次;苏迪曼杯赛(世界混合团体锦标赛),从 1989 年开始,每两年举办一次;世界杯赛,从 1981 年开始,每年举行一次,1997 年后停办,2005 年恢复比赛;全英锦标赛(非正式传统单向比赛),1899 年开始,每年举办一次。

第二节　羽毛球运动的特点和价值

一、特　点

(一) 全身运动项目

无论是进行有规则的羽毛球比赛,还是作为一般性的健身活动,羽毛球运动都要在场地上不停地进行脚步移动、跳跃、转体、挥拍,合理地运用各种击球技术和步法将球往返对击,从而增大了上肢、下肢和腰部肌肉的力量,加快了锻炼者全身血液循环,增强了心血管系统和呼吸系统的功能。据统计,大强度羽毛球运动者的心率可达到每分钟160～180次，中强度运动者的心率可达到每分钟140～150次，低强度运动者的心率也可达到每分钟100～130次。长期进行羽毛球锻炼，可使心跳强而有力，肺活量加大，耐久力提高。此外，羽毛球运动要求练习者在短时间对瞬息万变的球路作出判断，果断地进行反击，因此，它能提高人体神经系统的灵敏性和协调性。

（二）可调节运动量

羽毛球运动适合于男女老幼，运动量可根据个人年龄、体质、运动水平和场地环境的特点而定。也可作为促进青少年生长发育、提高身体机能的有效手段进行锻炼，运动量宜为中强度，活动时间以40～50分钟为宜。适量的羽毛球运动能促进青少年增长身高，能培养青少年自信、勇敢、果断等优良的心理素质。老年人和体弱者可作为保健康复的方法进行锻炼，运动量宜较小，活动时间以20～30分钟为宜，达到出出汗、弯弯腰、舒展关节的目的，从而增强心血管和神经系统的功能，预防和治疗老年心血管和神经系统方面的疾病。儿童可作为活动性游戏方法来进行锻炼，让他们在阳光下奔跑跳跃，并要求他们能击到球，培养他们不畏困难、不怕吃苦、不甘落后的品质。

（三）简便性

1. 不受场地的限制

羽毛球活动受到人们的普遍欢迎的原因之一是它不受任何场地限制，对设备的基本要求比较简单，只需两个球拍、一个球和一条绳索即可。正规比赛场地面积仅65～80平方米，长13.40米，宽6.10米（双打）或5.18米（单打）。平时进行羽毛球活动只要有平整的空地就可以了。在风不大的情况下，可以在户外进行活动，只要把球网架起来，就可以在一定长度和宽度的空地上画上几条线，双方对练。因此它不仅可以在正规的室内运动场进行，也可以在公园、生活小区等处广泛地开展。

当它作为户外运动时，还可使锻炼者吸入新鲜空气，受到阳光照射，改善人体的血液循环和新陈代谢，同时感受大自然的美丽，在运动中怡心健体。

2. 集体、个人皆宜

羽毛球运动既可单兵作战（两人对练），又可集体会战（双打练习或三人对三人对练）。单人对练时，练习者可以随心所欲地打出任何弧线、任何远度、任何力量、速度和任何落点的球来；集体会战则可以使练习者养成协调配合的习惯，培养集体主义精神。

3. 不受年龄、性别的限制

羽毛球运动游戏性较强，运动量可大可小。身强力壮的年轻人可以将球打得又刁又重，拼尽全力扑救任何来球，尽情散发自己的青春气息；年老体弱的练习者可以把球轻轻地击来打去，根据自己的要求来变换击球节奏，从而达到锻炼身体、延年益寿的功效，既活动了身体，又娱乐了心情。不同年龄、不同性别以及不同体质的人都能在羽毛球运动中找到乐趣。

二、价　值

（一）娱乐性

1. 自娱性

羽毛球作为一种娱乐活动，参与者在球的对击过程中，通过不停的奔跑和身体的变化，努力把球击到对方的场地。每当击球者在击出一个好球或赢得一个球时，都能调动自己的情绪，使之达到兴奋状态，并从中获得成功的快感。同时球的飞翔又有快慢、轻重、高低、远近、狠巧、飘转等变化，使这种运动本身充满了丰富的乐趣。

2. 观赏性

由于羽毛球技术的千变万化，使羽毛球运动有很高的可观赏性。如上网技术、跳起击球、扣杀、抢扑救球……都展示着羽毛球运动的力与美，使观赏者像吟读一首动人的诗，如浏览一幅悦目的画，令人心旷神怡，流连忘返。

（二）锻炼性

1. 增强体质

羽毛球运动可以全面增强人的体质。前场、后场快速移动击球，中后场的大力扣杀球，被动时的扑救球，双打的换位击球等都需要练习者有较好的力量素质、速度素质、耐力素质、灵敏素质、柔韧素质以及快速的反应能力。扣杀需要力量；在双方对拉回合的过程中，为了取得主动需要有较快的速度、耐力和速度耐力；在扑救球时（多半是被动情况）又需要有很好的灵敏和柔韧；双打中又需要极快的反应与判断能力。因此，经常从事羽毛球活动可以发展人体的灵活性、协调性；可以提高人们上下肢及躯干的活动能力；改善呼吸系统和心血管系统的功能；提高有氧供能和无氧供能的能力；调节神经系统并提高其抗乳酸的能力；起到增进健康、抗病防衰、调节精神的作用。

2. 培养意志

羽毛球运动因其竞争性、对抗性、大强度等诸多因素的要求，使意志品质在该项运动中占有非常重要的地位。羽毛球比赛经常遇到这类情况，即运动员出现了“极点”：喘不上来气、身体无力、眼前发黑、感觉自己再也坚持不下去了。这种现象不是出现在一方，在势均力敌的情况下往往是双方先后都会出现，甚至几乎是同时出现（如一个球打了很多回合），这时就看谁能再坚持一下，胜利往往存在于再坚持一下之中。那么靠什么去坚持？就要靠顽强的意志品质和坚定的信念。

即使不是比赛，这项活动也需要较强的意志，否则就不能很好地完成该项练习，使练习中应该产生的愉悦、趣味及锻炼价值荡然无存。

3. 陶冶心理

羽毛球活动包括对对方战术意图的揣摩,对各种战机的把握,对自己运用什么战术的选择等智力因素,因此经常从事该项运动可以使人思维敏捷。同时,由于比赛的紧张、竞争的激烈,练习者的心理素质也能得到很好的锻炼,在竞争中,强化进取精神,使人的智、勇、技在竞争与对抗中得到升华。经此磨炼,能够做到临危不乱,泰然处之,既增长了智慧又陶冶了心理,这样不仅能在羽毛球活动中应付自如,而且能以良好的心态,正确的人生观去面对事业、家庭、荣辱等。

第三节 国际羽毛球运动组织

1875 年,第一个军人羽毛球俱乐部在英国成立。1893 年,英国已有 14 个羽毛球俱乐部,他们举行会议,正式成立了英国羽毛球协会。当时,英国羽毛球协会对羽毛球运动的开展、提高和传播起了积极的推动作用。这项运动首先在欧洲传播,然后发展到美洲、亚洲和大洋洲。20 世纪 20 ~ 30 年代,加拿大、丹麦、马来西亚等国也相继成立了羽毛球协会。

为了推动世界羽毛球运动的发展,1934 年,由英格兰、法国、爱尔兰、苏格兰、荷兰、加拿大、丹麦、新西兰和威尔士九个羽毛球协会共同协商成立国际羽毛球联合会。第一任主席是汤姆斯,总部设在伦敦。

国际羽毛球联合会的成立,对羽毛球技术、战术的发展起了催化剂的作用,除了传统的"全英羽毛球锦标赛"照常举行外,在 1948 年增设了汤姆斯杯赛(世界男子羽毛球团体赛),1956 年增设了尤伯杯赛(世界女子羽毛球团体锦标赛),并相继举办了世界羽毛球锦标赛、世界杯赛、世界大奖赛等,使世界羽毛球运动水平不断提高。

由于政治原因，以我国为首的许多国家的羽毛球协会在1981年之前未能加入国际羽毛球联合会，使一些国际性比赛相对逊色，没能真正体现世界级水平。

1978年，在香港成立了世界羽毛球联合会，先后举办了两届世界羽毛球锦标赛，我国共荣获8项冠军，这表明我国羽毛球运动已达到世界最高水平。为推动世界羽毛球运动健康稳步地发展，经过许多国家羽毛球界的共同努力，1981年，国际羽毛球联合会和世界羽毛球联合会正式合并，重新调整组建了国际羽毛球联合会，使世界羽毛球运动产生了新的飞跃，出现了欣欣向荣、生机勃勃的景象。目前国际羽毛球联合会已有147个国家和地区参加，国际奥运会已把羽毛球比赛列入奥运会的正式项目，出现了前所未有的最佳发展时机。

一、国际羽毛球联合会(IBF)

国际羽毛球联合会于1934年成立，通过了第一部章程。现已包括五大洲的147个会员国。1981年5月同世界羽毛球联合会合并，仍叫"国际羽毛球联合会"。国际羽毛球联合会正式用语为英语。

国际羽毛球联合会的任务：

进一步普及和发展世界羽毛球运动；加强各国协会之间的联系；举办世界锦标赛、世界杯赛和其他国际比赛，羽毛球为奥运会项目。

国际羽联的最高权力机构是代表大会。每个会员国可派1或2名代表参加代表大会，有1~3票表决权。代表大会每年召开一次。

代表大会的任务：吸收新会员；审议各会员提出的有关修改

章程和规则的建议;选举领导机构和专业委员会;听取主席和秘书长的总结报告。

图 1-3　国际羽联全体成员合影

代表大会闭会期间,由一个 20 人组成的理事会负责领导各项工作。

国际羽联举办的主要比赛:

(1) 世界羽毛球男子团体赛——汤姆斯杯赛:从 1948 年起每三年举行一届,从 1984 年起改为每两年一届,至 2004 年已举行了23 届。

(2) 世界羽毛球女子团体赛——尤伯杯赛:从 1956 年起每三年举行一届,从 1984 年起改为每两年一届,至 2004 年已举行了 20 届。

(3) 世界羽毛球男女混合团体赛——苏迪曼杯赛:1989 年首届苏迪曼杯比赛在印度尼西亚举行,每两年一届,至 2005 年共举行了 9 届。

(4) 世界羽毛球锦标赛:1977 年举行首届比赛,从 1983 年第三届起每逢单年举行,至 2005 年已举行了 14 届。

(5) 世界杯赛:从 1981 年起每年举行 1 届,1998 年至 2004 年停办。2005 年恢复比赛。

(6) 奥林匹克运动会羽毛球比赛：1992 年羽毛球运动被正式列为奥运会比赛项目。每四年一届，至今共举行了 4 届。

(7) 世界羽毛球系列大奖赛：该比赛为世界羽毛球选手提供了更多比赛和获奖机会，促进了世界羽毛球运动的发展，也为羽毛球选手的职业化提供了一定的条件。

(8) 世界青少年羽毛球锦标赛和世界青少年羽毛球团体锦标赛等。

二、历届国际羽联主席

自国际羽联成立至今，有下列人士担任过国际羽联主席。

1934 ~ 1955　乔治·汤姆斯（George Thomas）

1955 ~ 1957　迪龙（J. Plunkett Dillon）

1957 ~ 1959　布鲁斯（R. Bruce Hay, DSO）

1959 ~ 1961　沃尔森（A. C. JVan Vossen）

1961 ~ 1963　麦肯罗（J. D. M. Mc. Callum, CBE DSO）

1963 ~ 1965　科瑞斯滕森（N. P. Kristensen）

1965 ~ 1969　布鲁马（D. L. Bloomer）

1969 ~ 1971　查尔顿（H. F. Chilton）

1971 ~ 1974　苏尼维琳（F. A. Sonneville）

1974 ~ 1976　维亚特（S. Wyatt, OBE BEM）

1976 ~ 1981　莫荷林（S. Mohlin）

1981 ~ 1984　雷迪（C. C. Reedie）（国际奥委会委员）

1984 ~ 1986　尼尔森（P. E. Nielsen）

1986 ~ 1990　帕尔默（ID. Palmer）

1990 ~ 1993　琼斯（A. E. Jones, CBE）

1993 ~ 2001　吕圣荣（Lü Shengrong）（国际奥委会委员）担任了两届主席

2001 ~ 2005　达巴兰西(Korn Dabbaransi)
2005 ~　姜荣中(现任国际羽联主席)

第四节　羽毛球技术、战术的发展和规则的演变

一、技术和战术的发展

羽毛球运动从开创至今,技术革新与战术的发展从简单到全面,从全面到快速灵活,从快速灵活到多变,其中产生了几次飞跃。

第一次飞跃是在开创时期,主要是由英国选手垄断整个世界羽坛,虽然他们的技术水平比较单一,打法陈旧,战术变化几乎没有,但他们的技术水平一直处于领先地位,为羽毛球运动传播到世界各地立下了头功。1939 年,丹麦、加拿大等国选手以良好的体力和进攻型战术向英国选手发起了挑战,打破了英国选手称霸羽坛的局面。在第三十六届全英羽毛球锦标赛上,英国选手仅获得一枚混双金牌;第三十七、第三十八届全英羽毛球锦标赛冠军被丹麦选手囊括。

第二次飞跃是在 20 世纪 50 年代至 60 年代中期,这是羽毛球的技术革新与战术全面快速发展的时期,男子技术革新优势从欧洲全面转向亚洲,形成了亚洲人在世界羽坛上称雄的局面。50 年代,羽毛球技术革新以马来西亚、印度尼西亚为代表,以拉、吊结合来控制球的落点,典型代表人物是马来西亚的王柄顺、庄有明。他们使马来西亚接连三次获得汤姆斯杯赛冠军,包揽了 1950 ~ 1957 年 8 届全英羽毛球锦标赛单打冠军和 1951 ~ 1954 年 4 届双打冠军。从 1958 年开始,羽毛球技术革新开始向快速、灵活的方向发展,以印度尼西亚的陈友福为代表的,主要采用以较快的速度下压

抢网和加强扣杀上网的技术打败了以技术性为代表的打法，从此开创了印度尼西亚控制世界羽坛的局面。从 1958 年至 1979 年，印度尼西亚共 7 次荣获汤姆斯杯。

这一时期，中国虽然没有参加正式的世界性比赛，但技术与战术水平提高很快，以汤仙虎、侯加昌为代表的中国选手的快攻打法达到了世界先进水平。快攻打法除了脚步移动快，还表现在后场跳起扣杀后快速上网高点击球、两边起跳突击、发球抢攻等方面。特别是他们创造的"快、狠、准、活"的技术风格，以绝对优势压倒了印度尼西亚队和欧洲队，为推动世界羽毛球运动发展作出了巨大的贡献。从此，中国的快攻技术风格开始被国际羽坛所接受。到 60 年代末 70 年代初，在研究中国技术风格特点的基础上，世界羽坛注重了速度和进攻，发展了新技术，出现了以印度尼西亚梁海量为代表的劈杀技术，以林水镜为代表的双脚起跳扣球技术，使世界羽毛球技术水平迅速提高。

第三次飞跃是 20 世纪 80 年代，世界羽坛技术与战术向快速进攻、全面、多变的方向发展，以中国、印度尼西亚、印度、丹麦、马来西亚、韩国为代表的各国选手打法更全面，变化更多，速度更快，特长突出，攻守兼备而各领风骚，进入了世界羽毛球运动史上的巅峰期。

80 年代初，代表人物有林水镜、韩健、栾劲、苏吉亚托、普拉卡什、费罗斯特、米士木、陈昌杰等，最为突出的典型是林水镜，他速度快、进攻凶狠，而费罗斯特与韩健则以控制对方后场的进攻、加强防守、创造条件抢攻而闻名。

80 年代后期，代表人物有杨阳、赵剑华、熊国宝、罗天宁、阿迪、魏仁芳、拉·西德克、朴柱奉、霍耶、拉尔森等。杨阳、赵剑华将快、狠、准的打法发展成拉吊进攻和变速突击的打法；阿迪、魏仁芳发展了技术全面、快速、准确的打法。

到了 90 年代，老将们的技术达到了炉火纯青的地步，而新的技术又开始形成。印度尼西亚年轻集团军和韩国的凶狠拼抢作风、马来西亚西德克兄弟的拉吊技术以及中国以吴文凯、刘军为代表的快攻型打法在世界羽坛上各领风骚。

世界女子羽毛球运动起步较晚，它的技术也是随着男子的技术提高而提高的。20 世纪 40 年代末期至 50 年代初期，丹麦女子选手的技术领先一步，她们获得全英羽毛球锦标赛 7 项单打冠军、5 次双打冠军。到了 50 年代中期至 60 年代中期，美国女选手吸收了男子快攻、打吊等技术，竞技实力显著增加。从 1954 年至 1969 年 14 届全英锦标赛，她们获得了 13 次女单冠军，并获 3 届尤伯杯赛冠军。60 年代末期，日本女队在进攻的基础上加强了防守，以严密的防守，寻找进攻机会，从而显示了相当的优势。她们从 1965 ~ 1981 年接连 5 次获得尤伯杯赛冠军，6 次获全英锦标赛女单、女双冠军。

中国女子羽毛球运动从 20 世纪 50 年代起步，60 年代达到世界先进水平。当时以陈玉娘、梁小牧、梁秋霞为代表的中国女选手，学习男子技术动作，以快攻、灵巧的技术在各种场合击败过世界冠军。到了 80 年代，中国女子羽毛球队和男队一样，全面走向世界，以张爱玲、韩爱萍、李玲蔚等为代表的中国女队，技术全面、打法多变、主动积极、快速突击性强，开创了世界女子羽毛球技术风格与战术的全盛时期。

90 年代出现了中国的唐九红、黄华、叶钊颖与印度尼西亚的王莲香、韩国的方铢贤等为代表的世界级优秀选手，表明女子技术风格动作更接近男子，比赛更加紧张激烈。

从 90 年代世界羽坛发展趋势来看，实力优势仍在亚洲，男子以印度尼西亚、马来西亚、韩国、中国、丹麦为主，女子以中国、韩国、印度尼西亚为龙头，在世界羽坛继续保持绝对优势，但欧洲的丹麦、瑞典、英格兰选手也正在悄悄崛起。显然世界羽毛球运动的格局正在向多元化的方向发展，欧亚对抗的局面正在逐步形成，世界羽坛的全盛时期有望早日到来。

当前，世界羽毛球运动的技战术发展趋势朝着更加“快速、全面、进攻、多变、特长突出”的方向发展。羽毛球技战术向更加快速的方向发展依然是总趋势中的一个重要方面。世界级优秀选手所具备的基本条件是在快速的运动中能全面掌握和运用各项基本技术；快速能力的体现更侧重于变速进攻，进攻技术也更着重于发展具有个人特色的快速、凶狠的变速突击技术。欧洲选手利用身材高大有力，已从偏重控制底线的打法转向强调进攻、突出发球抢攻、以下压控制网前为主的打法方向发展。亚洲选手则更着重利用自身灵活而突出在技术全面的基础上发展变速突击，打法以拉开结合变速突击为主。尽管欧亚选手在战术的组织上各有其不同的特点，但在突出快速、进攻，强调提高进攻的威胁性和有效率方面却是共同的。同时，对网前的争夺也越来越激烈，除了抢高点击球外，也更重视网前技术的质量与变化，比赛中能否有效地控制网前，已成为高水平运动员获取进攻机会和得分的主要手段。

二、规则的演变

羽毛球游戏刚兴起时，没有人数、分数和场地的限制，练习者只需要互相对击。现代羽毛球从伯明顿庄园开始，有了一定的分数、场地、人数限制。1875 年，第一本介绍羽毛球规则的书在英国出版问世。当时的规则很简单，规定了场地呈长方形，中间挂网的高度，双方对击的要求，并没有单打、双打的区别。随着人们观赏水平的提高及技术、战术的发展，规则也随之变化，出现了单、双打场地区别以及球区的规定，发球得分及发球得分后的换区等规则。为了使比赛激烈、精彩，又规定了双方打到 13 平、14 平，女子单打打成 9 平、10 平时要进行加分比赛，后又改为 14 平、10 平时的加分赛。国际羽联目前制定了新的规则，特别是对决胜局的比赛时间加以限制，从2005年12月开始，世界羽毛球锦标赛正式采用21分和每球得分制等，力求使羽毛球比赛更加紧张激烈、精彩纷呈。

羽毛球运动设备也是从原始的低级阶段向高级阶段发展的。羽毛球从开始时的硬纸板和绒线团到木托用皮包起来，再发展到用14～16根高级羽毛插在软木托口；羽毛球拍从木板发展成椭圆形穿弦木拍。后来，规则规定球拍重95～120克，拍框长15～15.5厘米，宽10～10.5厘米，拍柄长39.5～40厘米。其制作材料也发展成木框钢管拍、铝合金拍、碳素纤维拍。选择球拍时，应以较轻、牢固而有弹性、握在手里舒适为原则。

第五节　我国羽毛球运动发展概况

现代羽毛球运动大约于1920年传入我国，最初在上海、广州、天津、北京等城市的教会组织的青年会和大学、中学里开展过羽毛球运动。解放前，由于参加此活动的人数较少，也没进行过重大比赛，因此，当时我国羽毛球运动的水平很低，更谈不上普及。

新中国成立后在党和政府的重视和关心下，我国羽毛球运动得到蓬勃的发展，经历了四个发展阶段。

一、学习起步阶段

50年代初期，羽毛球运动首先在全国各大城市开展起来。在周恩来总理和贺龙副总理亲自关怀下，1953年在天津举行了全国篮球、排球、网球、羽毛球四项球类运动会，羽毛球为表演项目。虽然当时技术水平很低，但为今后的发展奠定了良好的基础。

1954年，以王文教、陈福寿为代表的第一批印度尼西亚华侨回国,带来了我国羽毛球运动的希望和技术,全面推动了我国羽毛球运动的发展。1956 年,中国羽毛球协会成立,标志着我国羽毛球运动新纪元的到来。在羽毛球协会的组织下,我国每年都举办全国羽毛球比赛,使羽毛球比赛逐渐制度化、规范化。在 1959 年第一届全运会上,羽毛球作为正式比赛项目,共有 21 个省、市选手参加了比赛,这对羽毛球运动的普及和羽毛球技术水平的提高起到了促进作用。

在国内练兵的同时,我国羽毛球运动员认真、虚心学习世界先进经验。1956 年 2 月,印度尼西亚队来我国访问,共比赛 10 场,结果印度尼西亚队全胜。但是,我队不甘落后,认真总结失败原因,奋发图强,刻苦训练。1957 年 4 月,我队回访印度尼西亚时,情况有了很大好转,在 9 场比赛中,我队获得了 7 胜 2 负的好成绩。

二、赶超世界先进水平阶段

60 年代初期,第二批印度尼西亚华侨青年相继回国,如汤仙虎、侯加昌、陈玉娘等。在中国羽协的重视与培养下,在教练们的精心指导下,这些羽毛球优秀选手成了我国羽坛的中坚力量。他们以快速、灵活、准确的技术特点而闻名于世界羽坛。虽然我国羽毛球队没有参加过正式的世界性比赛,但通过与世界冠军队的互访比赛,表明了我国羽毛球运动水平已达到世界先进水平。1963 年,连获第四届、第五届汤姆斯杯冠军的印度尼西亚队来我国访问比赛,我国羽毛球队取得了 6 胜 4 负的战绩。1964 年印度尼西亚队第二次访问时,我国仍以 4∶1 取胜。同年 11 月,我国羽毛球队再次到印度尼西亚作访问比赛,取得了全胜战绩。1965 年、1966 年我队在与世界亚军、欧洲冠军丹麦队和欧洲劲旅瑞典队进行互访比赛时,均获全胜。当时中国羽毛球队的战绩使世界羽坛为之震惊,外国舆论界称中国队是世界羽坛的“无冕之王”、“真正的世界冠军”。在一片欢呼声和赞扬声中,中国羽毛球队没有陶醉,而是努力为攀登新的高峰打下坚实的基础。1964 年第一次全国羽毛球训练工作会议及时总结了经验,明确提出了我国羽毛球“快、狠、准、活”的技术风格和“以我为主、以快为主、以攻为主”的指导思想,以理论指导促进训练比赛实践。我国羽毛球技术风格的形成和训练指导思想的建立,为促进世界羽毛球运动的发展作出了巨大的贡献。

三、调整、恢复阶段

由于受十年动乱的影响,我国正处于上升期的羽毛球运动受到了严重挫伤,水平直线下降。虽然在 70 年代初,重新恢复了训练,也取得了一些比赛的胜利,但一批老队员体力不支,力不从心,而青年选手水平较低,青黄不接的现象非常突出,导致我国羽毛球刚刚获得的优势完全丧失。在第四届亚洲羽毛球锦标赛中,我队以 2∶3 负于印度尼西亚队,在 1978 年举办的第八届亚运会上又以 1∶4 败在印度尼西亚队拍下。

为了重振我国羽坛雄威,迅速调整、恢复我国羽毛球运动水平,1978 年国家体委、羽毛球协会联合召开了第二次全国羽毛球训练工作会议,总结了经验教训,重申了我国羽毛球的技术风格和指导思想,制订了赶超世界先进水平的新的规划和具体措施,使我国羽毛球运动的发展出现了新的生机。

四、全面夺取世界冠军阶段

根据全国羽毛球训练工作会议提出的奋斗目标,全国羽毛球界同心同德,齐心协力,掀起了刻苦训练,拼搏奋进,再攀世界羽坛高峰的热潮,一大批优秀青年选手脱颖而出。1979 年在香港举行的印度尼西亚与中国男、女羽毛球对抗赛上，我国以韩健、栾劲、孙志安、姚喜明、刘霞、韩爱萍、张爱玲为代表的新秀向世界老牌冠军林水镜、纪明发、张鑫源等发起挑战，中国男、女队分别以6：3和5：0获胜。

80年代后期，我国羽毛球运动进入第二个鼎盛时期，我国羽毛球选手全面参加各种世界比赛，都取得了好成绩。1981年，在美国举办的第一届世界运动会上，中国队获得了男女单打、双打四项冠军。1982年在全英羽毛球锦标赛上，我队夺取女单、女双两枚金牌，男单一枚银牌。最令人兴奋的是1982年我国男队第一次参加第十二届汤姆斯杯比赛，在与印度尼西亚队决赛的第一天，我队出师不利，以1：4落后，舆论全部倒向印度尼西亚队，但我队不气馁，在第二天的比赛中奋力拼搏，一鼓作气，连胜四场，最终以5：4打败印度尼西亚队，夺得汤姆斯杯，登上了世界冠军宝座。我国男子羽毛球队1986年、1988年、1990年连续三次捧回汤姆斯杯。

我国女子羽毛球队在男队连续获得世界冠军的喜讯鼓舞下，奋起直追，1984年在吉隆坡举行的尤伯杯赛中，我国女子羽毛球队选手以优异的成绩一举夺得尤伯杯。随后，我国羽毛球女队又以强大的优势蝉联5届尤伯杯赛冠军。

在20世纪80、90年代，我国选手分别参加了世界羽毛球锦标赛、世界杯赛、全英羽毛球锦标赛等系列大奖赛，共获得80多次单项冠军。1987年在北京举行的世界羽毛球锦标赛和1988年在曼谷举行的世界杯赛上，中国男、女羽毛球队囊括全部冠军。在系列大奖赛决赛中，我国男、女选手多次折桂。

20世纪80年代是我国羽毛球运动最辉煌的时期，是世界羽毛球运动的“中国时代”，中国羽毛球队为祖国争了荣誉，振了国威。

进入20世纪90年代，中国羽毛球队一方面处于众目睽睽之下，各国都在研究、寻找击败中国选手的方法，另一方面我国羽坛也受到经济大潮的冲击，训练体制和人才体制都相应受到影响，训练质量下降，人才外流，导致了中国羽毛球队水平严重滑坡。尤其男队危机四伏，1992 年在汤姆斯杯赛、奥运会、世界杯三大赛事中，一金未得。女队虽比男队好些，但危机感也同样笼罩着她们。1994 年在日本广岛举行的亚运会上，我国羽毛球队男、女选手无一人进入决赛。这表明，中国羽毛球运动水平已经跌落到自 60 年代以来的最低谷。这一严酷的现实使整个羽毛球界为之震动，舆论一致认为我们的打法陈旧了，原有的技术风格给丢了，训练作风及训练质量存在严重问题。我国羽毛球水平的严重滑坡是一个不容置疑的事实，只要我们卧薪尝胆，总结经验教训，鼓足干劲，找出差距，改革训练体制，搞好普及工作，狠抓尖子队员，加强全面锻炼，中国羽毛球的第二个春天就会很快到来。中国选手葛菲和顾俊在 1996 年第二十六届夏季奥运会上，奋力拼搏，夺得羽毛球女双金牌，这表明中国羽毛球正在走出低谷。1997 年，我国运动员再次夺得苏迪曼杯，同时在世界锦标赛上获得了女单、女双和混双三块金牌，开始步入再铸辉煌的历程。目前我国羽毛球运动的总体水平在世界仍处于领先。

五、中国羽毛球协会简介

中国羽毛球协会简称“中国羽协”，英文为 Chinese Badminton Association，于 1958 年 9 月 11 日在武汉成立。

中国羽毛球协会是具有独立法人资格的全国性群众体育组织，是代表我国羽毛球项活动的最高社会团体，并且代表中国参加相应的国际羽毛球活动及国际羽联的惟一合法组织，系非营利性社会组织。中国羽毛球协会是由各省、自治区、直辖市、各行业体协、解放军属羽毛球运动组织及其他合法羽毛球社会团体等自愿组成的全国性体育组织。

中国羽毛球协会为中华全国体育总会的团体会员，是中国奥林匹克委员会承认的全国运动协会。协会接受国家体育总局和民政部的业务指导和监督管理。其总部设在北京市。协会设主席、副主席、秘书长、副秘书长、委员等，同时下设教练委员会、裁判委员会、新闻委员会、科研委员会、少年委员会、开发委员会等六个委员会，各专门委员会由一名主任、若干名副主任和委员组成。

中国羽协会徽由湖南省衡阳市工艺美术师杨大庆设计。主题图案为羽毛球象形，突出了项目特色和魅力。五星和长城图形显示了中国气派，五星隐喻中国羽毛球在世界羽坛上的最高水平，长城代表民族精神。长城和盾牌象征中国羽毛球坚不可摧的强大实力和全民健身形成的称霸世界羽坛的后盾力量。图形代表全国性体育团体的庄重、严谨的气质。整体图案寓意：在中国羽毛球协会的领导和号召下，团结全体羽毛球裁判员、教练员、运动员以坚韧不拔的精神为中国体育事业和世界羽毛球运动的发展作出杰出贡献(图1-4)。

图1-4　中国羽协会徽

第二章　羽毛球运动技法

羽毛球运动的基本技术是该项目运动的主体。严格来说，羽毛球的基本技术主要由上肢的基本手法和下肢的基本步法两大部分组成。上肢的基本手法由握拍、发球、击球三大技术部分组成，下肢的步法则由基本站位、前场上网、中场左右和后场后退步法组成。

在羽毛球运动中，上下肢的基本技术既相互独立，各成一体，又缺一不可，共同构成一个完整的有机体。只有具备了上肢的基本技术和下肢的基本步法最佳组合的球员，才能称之为优秀的球员。在羽毛球比赛中，观众常常能看到一名优秀选手一会儿在前场上网搓球，一会儿又跃到后场起跳扣杀，这名选手之所以能在自己的前场和后场做出这些漂亮的技术动作，除了具有良好的手上功夫外，还具有出色的脚下功夫，其双脚能够及时、准确地移动到规定的击球位置，抢到最佳的击球点。一名单打选手在比赛中实际控制场地的区域为 30 多平方米。也就是说，一名选手必须在这块 30 多平方米的场地上，首先靠双脚不停地移动和奔跑抢到最好的位置，然后迎击对手以不同力量、不同角度所击出的球。可以说，任何一个漂亮的击球动作，都是建立在步法到位基础之上的。如果手上功夫不到家，步法再好也发挥不了作用。因此，任何一名选手都必须将功夫和时间用于正确、系统、熟练地掌握上肢的基本技术和下肢的基本步法两个方面。

第一节　握拍技术

有人曾作过这样的比喻:“羽毛球的球拍是选手手臂的延伸。”正确的握拍可使其与人的手有机地融为一体,选手可用这只“延长的手”随心所欲地迎击不同方向、不同速度来的球,达到手与球拍之间完美的结合。

在羽毛球各项基本技术中,握拍是最简单但又最易被初学者疏忽的一项技术。看起来,握拍很容易,谁都能抓起球拍挥舞几下,但要想提高球技,打起球来得心应手,就非得从握拍这最简单、最基本的一环学起,掌握适合自己的握拍方法。羽毛球的握拍分为正手握拍和反手握拍。对于一名高水平的选手来说,握拍又不是一成不变的,在实战中为了更好地控制球的落点,应视具体情况,因时、因地细微地调整握拍,但所有这些调整都是建立在正、反手两种基本握拍技术的基础上的。以下是几种基本握拍方法的图例(图 2-1、2-2、2-3、2-4)。

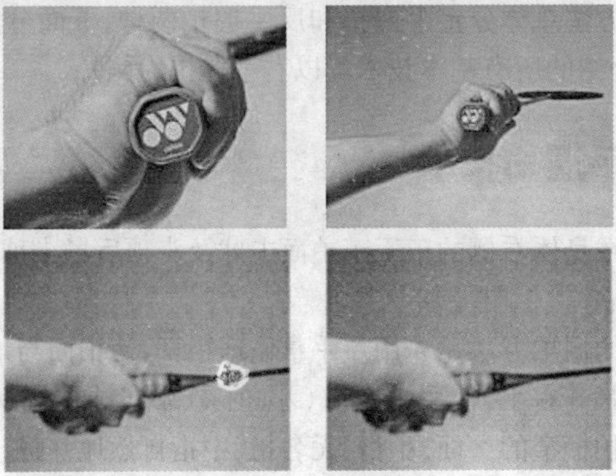

图 2-1　东方式握拍法

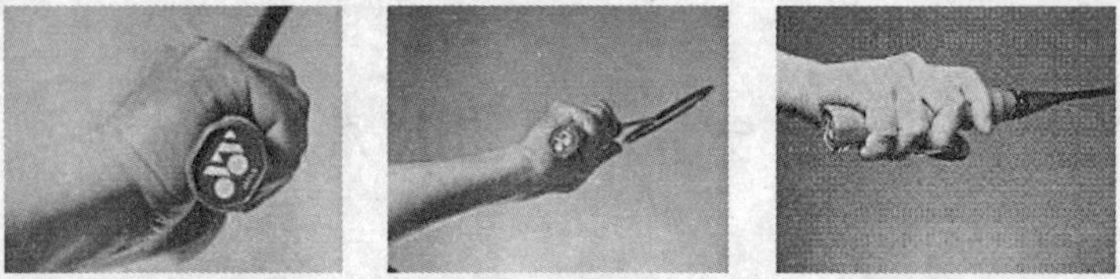

图 2-2　西方式握拍法

图 2-3　反手握拍法

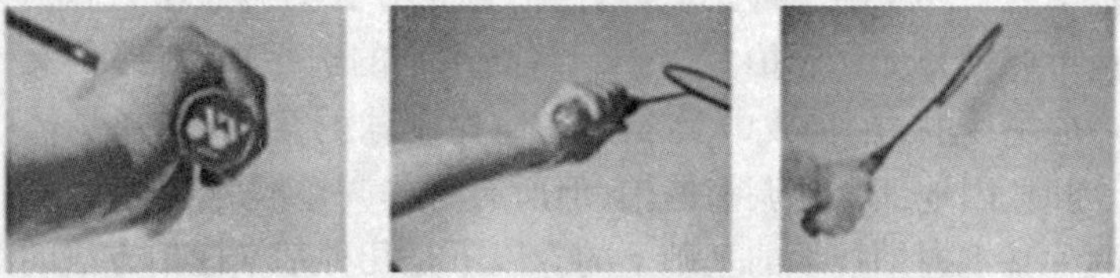

图 2-4　各种握法示例

握拍方法总体分正手握拍和反手握拍两种，下面分别加以介绍（以下介绍的所有基本技术均以右手握拍为例）。

一、正手握拍技术

一切在身体右侧的正手正拍面击球及头顶后场击球都用正手握拍法。

正确的握拍方法是先用左手拿住球拍杆，使拍面与地面垂直，然后自然张开右手，使手掌下部（小鱼际）靠在球拍握柄底托，虎口对着球拍柄窄的一面，小指、无名指、中指自然地并拢，食指与中指稍稍分开，自然地弯曲并贴在球拍柄上。

在击球之前，握拍一定要放松、自然，在击球的一刹那才紧握球拍。

二、反手握拍技术

一切在身体左侧的反手反拍击球都用反手握拍法。

一般说来，反手握拍有两种：一种是在正手握拍的基础上，把球拍框面向左转一定的角度，拇指伸直贴在拍柄的宽面上，食指、中指、无名指、小指并拢；另一种是正手握拍把球拍框外转，拇指贴在球拍柄的棱上，食指、中指、无名指、小指并拢。反手握拍时，手心与球柄之间要留有空隙，这样握拍有利于手腕力量和手指力量的灵活运用。

在了解以上正确的握拍方法之后，应对照一下自己以前的习惯握法，如出现下面几种错误握法，应尽快加以纠正：拳握法，即一把抓；食指伸直按在拍柄上部；虎口贴在拍柄宽面；柄端露出太长。

正确的握拍学起来容易，但在实际运用中却要花一定的功夫才能掌握。因为在击球要领还未掌握时，握拍常容易走样，以致动作重新回到原来的错误习惯上去。所以，在练习击球时，要随时提醒自己，检查握拍是否正确，经过一段时间后，就会形成正确的握拍习惯。

初学者刚开始学习使用正手握拍法，如按照上述方法握拍时往往会感到不习惯，尤其是在还击后场上手击高球、吊球和杀球时，不约而同地都会采用近似网球的“西方式”握拍方法，原因是他们不懂得羽毛球在正手击球时，前臂旋内才是主要的击球力量源泉，如果不学会正确的发力方法，正确的握拍方法反而打不好球，而错误的握拍法反而容易上手。所以，要想学好正确的正手握拍方法，首先就得在学习正手握拍方法的同时，学会正确的正手击球的发力方法。与学习正手握拍法同理，要想学好正确的反手握拍方法，首先就得在学习反手握拍方法的同时，学会正确的反手击球的发力方法，也就是要在学会运用手腕、手指发力的同时，关键要学会前臂旋外的发力方法。

第二节　发球技术

在羽毛球比赛中，任何一个球的竞技都始于发球。发球质量好，可有效地使对手陷入被动，为得分创造条件，甚至可直接得分。

发球技术可分为正手和反手球技术。一般来说，发网前球、发平球、发平高球、发高远球均可采用正手发球法。基本的技术有：发高远球、发平高球、发平球和发网前球。

正手发高远球：所谓高远球是把球发得又高又远，使球向对方后场上方飞去，球的飞行路线与地面形成角度，要大于45°，使球在对方场区底线附近垂直下落（动作方法如图2-5）。

图2-5　正手发高远球

正手发高平球：姿势、动作和发正手高远球一样，只是发力方向和击球点不同，高平球时球运行的抛物线不大，使球迅速地越过对方场区空中而落到底线附近，球在空中的路线和地面形成的仰角是45°左右（动作方法如图2-6）。

图 2-6 正手发高平球

正手发网前球:发网前球就是把球发到对方发球区内的前发球线附近,球拍触球时,拍面从右向左斜切击球,使球刚好越网而过,落在对方前发球线附近(动作方法如图 2-7)。

图 2-7 正手发网前球

反手发网前球:反手发网前球就是运用反手发球技术把球发至对方发球区内前发球线附近,击球时球拍由后向前推送击球,使球运行的弧线最高点略高于网顶。球拍触球时,拍面呈切削式击球,使球落到对方场区的前发球线附近(动作方法如图 2-8)。

反手发平球:反手发平球与正手发球的球路、角度、落点一样。发球时,球拍的挥动方向也与反手发网前球一样,只是在击球的一刹那,手腕有弹性地击球,拍面与地面的角度接近垂直,将球击到双打后发球线以内的区域。

图 2-8　反手发网前球

第三节　接球准备姿势和站位

一、接球前的准备姿势和站位

当对方队员回球时,接球方的两脚与肩同宽自然分开站好,右脚稍比左脚往前移出半步,两膝稍弯屈,脚后跟自然提起,以前脚掌触地,身体重心稍微降低;右手持拍屈肘自然放在胸前,两眼注视前方,准备判断对方的来球方向,形成接球前的准备姿势。用该姿势和动作,根据实际情况及比赛中的战术需要,选择单、双打比赛中适当的站位。一般情况下,单打选择二分之一场地中心位置稍偏后一点站位,因为此点不但是至前场左右边线的近网两角、中场左右近边线的两点和后场左右近边线两角六个点之间的最近距离,而且还能照顾到初学者一般后场回击球能力较弱的特点。双打的站位随战术的需要而定。

二、接发球的准备姿势和站位

当对方准备发球时,接发球方准备接发球的姿势是:左脚(以整个脚掌着地)在前,右脚(以前脚掌触地)放在后面。身体重心落在左脚上,双膝稍微弯屈,将球拍举放在胸前(双打可举至头前上方),眼睛注视对方,准备接发球。

图 2-9　接发球准备姿势

图 2-10　接发球准备比赛图示

接发球的站位:单打站位一般是在离发球线 1.5 米处,站在右发球区靠近中线的位置;在左发球区则站在中间的位置。这样站主要是防备对方直接进攻反手部位。一般左脚在前,右脚在后,双脚微屈,收腹含胸,身体重心放在前脚上,后脚脚跟稍抬起。身体半侧向球网,球拍举在身前,双眼注视对方(如图 2-9、2-10、2-11)。

图 2-11　接发球准备比赛图示

双打站位由于双打发球区比单打发球区短 0.76 米,发高远球易被对方扣杀,所以双打发球多以发网前球为主(如图 2-12)。接发球时要站在靠近前发球线的地方。双打接发球准备姿势和单打姿势基本相同,只是身体前倾较大,身体重心可前可后,球拍举得高些,在球飞行到网上最高点时击球,争取主动。但需注意对方在右场区发平快球突袭反手部位(如图2-13)。

图2-12 双打发球站位比赛图示

图2-13 双打接发球站位比赛图示

三 接发各种来球

对方发高远球或平高球时,可采用平高球、吊球或杀球还击。一般来说,接发高远球是一次进攻的机会,还击得好,就掌握了主动。一些初学者常因后场技术没掌握好,还击球的质量较差,以致遭到对方的攻击。

对方发来网前球时,可用平高球、高远球、放网前球、平推球还击;如对方发球质量不好,也可用扑球还击。要洞察对方发网前球的意图,如果是要发球抢攻,而自己的防守能力又不强,那么,就放网前球或平推球还击,落点要远离对方的站位,控制住球,不让对方进攻。当对方连续发球抢攻时,接发球一定要冷静、沉着,若疏忽麻痹,回球质量稍差,就可能让对方抢攻得手 。对方发来平快球时,可用平

图2-14 引拍准备比赛图示

推球、平高球还击，以快制快。由于接球方还击的击球点比发球方高，下压狠些可以夺取主动。其次亦可以高远球还击，以逸待劳。不能仓促还击网前球，因为击球质量稍差，就有可能遭受对方的进攻。

引拍准备，侧身，右手大小臂成45°或稍大，左手在前保持平衡，眼睛盯住来球，判断高度、速度和落点（如图2-14）。

身体转动，后躬，如箭在弦上，球拍充分向后倒（如图2-15）。换个方向看看，仔细看图中运动员的持拍手，已经从正手握拍动作（即食指稍在前的动作）换成了握拳动作（即食指已经收回了），不过这时手指还是松的，没有握紧发力（如图2-16）。只有食指收回，手成握拳状，才能在击球一瞬间充分用上手腕动作和力量。许多人高远球（杀球）无力，一个关键错误就在此。

图2-15、2-16　引拍动作比赛图示

头顶击球技术动作。

身体后仰，右脚前摆，左脚在后支撑保持平衡，击球点在头顶偏中。头顶击球在落地时，注意先用左脚内侧整体着地，然后过渡到全脚掌，不要用脚尖先着地，因为落地时冲击力量相当大，用脚尖着地会受伤（如图2-17）。

跳起杀球引拍技术动作。

整个手臂像甩鞭子一样，拍头就是鞭梢，手指在击球的一瞬间握紧发力，击球点在正手偏前方，注意右脚已经交换到前方，为上网作准备（如图2-18、2-19）。有人戏说，做这个动作如果能看到肚皮，就说明做对了。手臂内旋，迅速挥拍，下压（杀球），全身协调用力，加上转腰的力量（如图2-20）。

网前技术动作（如图2-21、2-22、2-23、2-24）。

图2-17　头顶击球技术比赛图示

图2-18、2-19　跳起杀球引拍动作比赛图示

图2-20　跳起杀球击球后的动作比赛图示

图 2-21、2-22、2-23、2-24　接网前球动作比赛图示

接网前吊球脚尖是朝外撇的。手腕、手指都要放松，不然处理不出高质量的网前球（如图 2-25）。

网前推球技术（如图 2-26）。

图 2-25　双打接网前球动作比赛图示

图 2-26　网前推球动作比赛图示

第四节　羽毛球技术分析

一、击球技术的基本环节

羽毛球比赛时，运动员的每一次击球动作，都是从站位准备开始，在判断对方来球的路线、落点后反应起动，移动到击球位置击球，然后作下一次的击球准备。

判断、选位→反应、起动→移动、引拍→到位、击球→判断、选位……

在比赛的对击过程中，双方都按上述程序击球，周而复始，直至成死球。这四个环节都会影响击球员击球技术的好坏，并且它们之间有着密切的内在联系，环环相扣。

（一）判断、选位

“快速准确的判断是建立场上合理选位的基础”。运动员在站位准备时，应根据对方的战术意图、技术动作特点，比赛场上双方的攻防态势和羽毛球基本球路特征等，在自己每一次将球击出后，作出对对方下一次击球方法和意图的预测，即判断。并依此将自己的注意力和身体位置进行适当的调整，即选位。如果在击球后，只是简单地回动到球场的中央位置，而不是根据对方可能还击的球路作出判断进行合理的选位准备，那么，不但会给对方提供有利的进攻机会，而且，也往往会增大自己在场上的移动距离。

（二）反应、起动

羽毛球比赛具有来回多、移动距离短（一般都在 2 ~ 3 步之间）的特点，所以双方运动员场上起动速度的快慢，对比赛胜负的影响至关重要。

羽毛球实战中的起动过程，实际上就是人体对外界刺激的反应过程。反应是速度素质的一种表现形式，指从给予刺激到开始发生动作之间的瞬间，由感觉时间（接受刺激，也就是在实战中根据视、听觉感知对方击球的动作和路线）、分析综合时间（思维时间）和运动时间（动作始动时）三方面组成。

由此可见，正确的判断将有利于快速的起动，因为它可以大大地缩短反应的感觉和分析综合时间。但也应该认识到，在羽毛球实战中，判断和反应、起动毕竟是两个既有联系，又不可完全替代的环节。事实上，优秀羽毛球运动员在比赛的每一个击球过程中，都试图对对方球员的击球目的与方法作出正确的判断，但他们在绝大多数情况下都不会在对方球员未击球前，提前向他们预测判断的位置移动去等待回击对方的来球（这里指不是合理的选位回动）。因为，只要是具有一定训练水平的羽毛球运动员，他们基本上都会具备在最后出手前变化其击球方法和线路的技能。

（三）移动、引拍

移动是指羽毛球运动中的脚步移动的方法。我国的羽毛球训练历来非常强调对运动员步法的训练。羽毛球步法是指运动员在大约 35 平方米的本方场地上，运用转体、并步、跨步、交叉步、垫步和蹬跳等动作，进行快速、合理并又有一定规律的上网、后退和两侧移动的方法。它是羽毛球技术的重要组成部分，在实战中具有十分重要的地位和作用，也是运动员学习和能否掌握好正确技术的基础。

准确的判断、合理的选位、快速的反应起动，再加上快速合理的移动，目的都是为了争取及早到位主动击球。

引拍，在这里是指羽毛球击球动作中的整个引拍过程的前期动作，如击球员从中场退到后场击上手高球，他在开始后退的同时，就应该做球拍后举至右肩上方的动作，而不应该待后退到后场才开始引拍。在羽毛球实战中，对一名运动员在场上移动能力优劣,应从速度与引拍两个方面加以评判。

速度是指运动员在场上从准备的位置到击球位置之间位移的速度。

引拍是指运动员在最后一步移动到位时,不但已完成击球的前期引拍动作,而且还应力求使自己的身体姿势处于最佳的击球准备状态。如上网移动时,在运动员完成最后一步移动到位时,他就应该同时处于右手持拍前伸引拍,左臂自然后伸,右腿前跨,左腿在后,成弓箭步状。又譬如,从近网处向后移动,被动去救对方的推球时,虽然从速度上来讲,两点之间走直线是最快的,但此时,却只能尽快地绕一个弧线移动,否则,就会在最后一步移动到位时处于面对羽毛球而背对球网,球、人、击球方向都处于一条直线上的不利击球位置。

(四) 到位、击球

击球员移动到合适的击球位置时,通常,与握拍手同侧的脚应保持与握拍手在同一方向,也就是在上网击球时应右脚在前;后退至后场还击高球、吊球、杀球时应保持右脚在后。最后一步落地时要有一定的缓冲,以便控制好自己的身体重心,有利于下一步的蹬地起跳或回动。

在我国的羽毛球技战术训练中,历来强调快速、准确、凶狠、灵活的指导思想。因此,在击球环节上首先要体现出到位要早,要尽可能抢在高点位击球、在自己身体的前面击球,以便自己能根据场上变化和战术要求,通过控制自己的挥拍速度、击中球时握拍的松紧和变化击球拍面的角度,为能灵活选择和变化击球的方法、发挥自己最大的击球力量、准确地控制和变化击球的弧线、路线和落点,提供有利的条件。

但击球环节的最终目的还是体现在击球的质量上,也就是体现在能否随意而精确地控制击球的速度、路线、弧线和落点。即能否在同一个击球点上,在保持动作一致的基础上,击出速度、路线、弧线和落点多种变化的球，使对方难以在你出手前作出正确的判断，增大其还击的难度。

二、击球技术要领

任何技术水平的羽毛球运动员，必须掌握全面、实用、正确的各种击球技术。击球技术包括握拍、击球点、动作的协调性、拍面的控制、击球动作的一致性等。

（一）握拍

正确、灵活多变的握拍方法，是击球手法的基础，握拍要有利于手腕的发力，能控制击球力量的大小和击球的飞行方向。

（二）击球点

迎击羽毛球，切记不可等球飞近身体再打。击中球刹那应是挥拍速度最快的瞬间，击球发力不能太早或太迟，发力时间与击球的配合至关重要。

（三）动作的协调性

挥拍击球时要做到全身动作的协调配合，不僵硬，力量传递要连贯且恰到好处，爆发力要强。

（四）拍面的控制

击出球的飞行方向，是在击球中的一瞬间由手腕变拍面方向来控制的（拍面击球点的方向来控制的）。

（五）击球动作的一致性

为增加击球的战术效果，在后场击高、吊、杀、劈，或网前击推、扑、搓、勾的引拍动作，其挥拍前期动作相仿或一致，可使对方难以判断，同时也起到假动作的作用。动作的一致性初学者必须从开始就高度重视。

在羽毛球运动中，同类技术的技术基础具有很大的相似性，这是羽毛球技术的一大显著特征。如后场同类技术的“高、吊、杀”，前场同类技术的“搓、推、勾”，中场同类技术的“勾、挡”和“抽、挑”等。这些同类技术除了击球瞬间在动作上稍有区别外，在击球的前期动作上都具有很大的相似性。羽毛球比赛是一项技巧性和对抗性极强的竞技运动项目。比赛中谁能在相互的击球过程中占有速度上的优势，谁就能取得比赛场上的主动权，也就能最终获得比赛的胜利。而比赛中这种快与慢的较量，则是双方运动员“场上综合速度”的对抗和比较的结果，它们最终都是在技术的运用上得到体现。在实战中，双方运动员的快与慢存在着一个相互制约的关系，既有力争展示自身快速反应、移动和击球的一面，又有极力限制对方速度有效发挥的一面。而在比赛中，相似技术动作一致性程度的优劣，将直接关系到能否有效地延缓与破坏对方对你击球的判断与反应的速度、能否缩短对方有效的击球时间等。

因此，在羽毛球运动中，相似技术动作的一致性程度，多年来一直被作为评价一个羽毛球运动员对动作技能掌握水平高低的重要标准之一。所以，在平时的练习中，一定要对技术动作的一致性提出特别严格的要求。否则，不但在比赛中，技术的战术作用不可能有效地、充分地得以发挥，而且对于将来技战术水平的进一步提高，也必然会形成极大的障碍。

强调动作的一致性，主要是指相似动作的前期动作应力求一致，因为，不同的技术方法在用力的程度与击球的拍面控制上必然是不一样的。譬如，大力扣杀，由于与吊球和高球相比，要动员较多的肌肉群参与工作，在击球的最后阶段如果还拘泥于动作的一致性，反而会达不到理想的效果。但如果在准备和引拍阶段就让对方球员清楚地分辨出来，那同样也会对你杀球的进攻效果产生不利的影响。

三、击球技术名称分类

（一）以击球点在击球者身体位置的方向分类

正拍:用掌心一边的拍面击球称为正拍。

反拍:用手背一边的拍面击球称为反拍。

头顶球:击球者用正拍拍面击打反手区的上手球,称为头顶球。

上手球:击球点在击球者肩部以上。

下手球:击球点在击球者肩部以下。

（二）以击球者击球时在场上的位置分类

前　场:前发球线附近至球网。

后　场:从端线至场内约1米处。

中　场:前、后场区之间的区域。

左、右场区:以发球区的中线为界,分为左、右两个场区。

（三）以球的飞行弧线分类

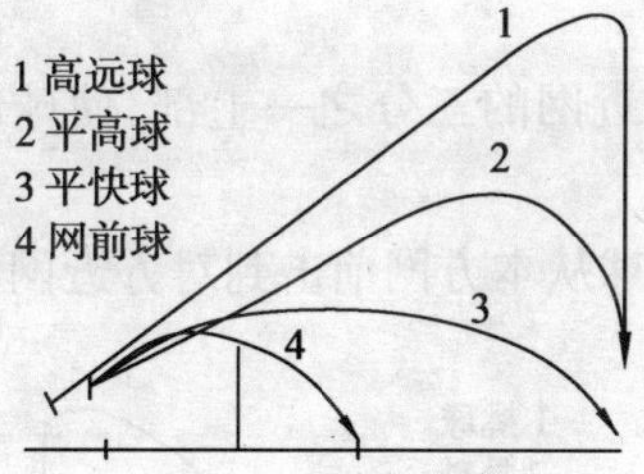

图 2-27　下手击球飞行弧线

高远球: 从场地一边的后场,以高弧度击到对方场地后场。

平高球: 从场地一边的后场,以较低的弧度(不让对方在半途拦截到)击到对方后场。

平快球: 从场地一边的后场,以较平的弧度击到对方后场。

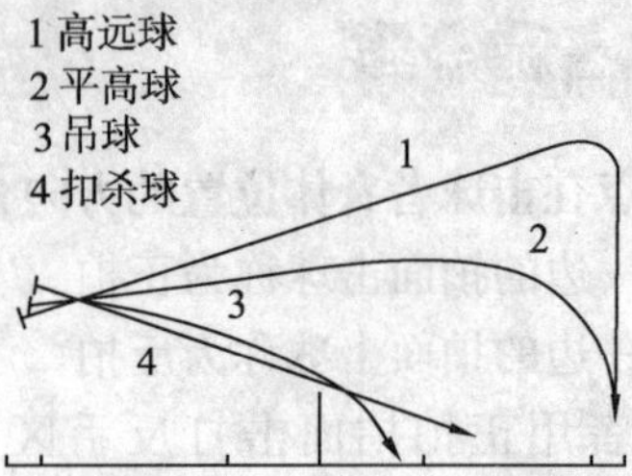

图 2-28　上手击球飞行弧线

吊　球：从场地一边的后场，把球以向下飞行的弧线击到对方近网场区。

杀　球：从场地一边的中、后场，使球快速向下直线飞行到对方场区。

平抽挡：击球点在球员身体的两侧或近身，挥拍动作幅度较大的称为抽球，挥拍动作幅度较小的称为挡球，使球以与地面平行或向下飞行的弧线击到对方场区。

挑高球：把球从前场或中场在低于球网处，向上以较高的弧度击到对方后场。

推　球：在靠近网的三分之一上部，使球以低中的弧线击到对方后场。

放网前球：使球从本方网前击到对方近网区。

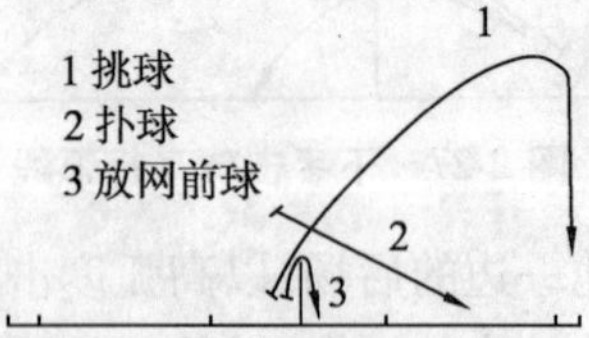

图 2-29　网前击球飞行弧线

搓　球：用拍面切击球托，使球带有旋转和翻滚飞行过网。

勾　球：在网前使球以对角球路线击到对方网前。

扑　球：在近网高处把球以快速直线向下击到对方场区。

（四）拍面的控制

拍面的控制是指击球时球与球拍碰撞瞬间，球拍面与地面和球网所处的位置关系。拍面的控制包括拍面的角度和拍面的方向。前者指球拍触球时，拍面与地面形成的角度，分向下、前倾、稍前倾、垂直、稍后仰、后仰等。后者指球拍触球时，拍面与球网及其延长线所形成的角度，有内切（指拍面转向身体侧）、稍内切、垂直、稍外转、外转（指拍面向身体外侧转动）。如正手吊对角线球时，球与球拍碰撞瞬间，则拍面通常应处于稍前倾、稍内切的位置；而在正手击平高球时，球与球拍碰撞瞬间，拍面角度则应处于垂直，而拍面方向则应处于稍后仰的位置。

由于受地球引力的作用，羽毛球的飞行轨迹总是呈一定的抛物线状态，飞行弧线和击球的准确性关系极大。如弧线太长，球容易端线出界，或在运用吊球、放网前球时落点离网过远；如弧线太短，则容易出现半场球遭对方扣杀，或不易过网；弧线过低，容易下网；而弧线过高，则给对方充裕的时间进行还击，如在网前则容易被对方扑杀。

影响羽毛球飞行弧线的因素，主要在于击球时的拍面控制和击球的力量大小。了解了羽毛球飞行弧线的这种特点，我们就知道，只有在击球时，不但要全面地掌握好各种击球技术方法，而且还要在击球的瞬间，善于和准确地控制好击球的拍面用力的大小，才能保证击球的准确性、稳定性和攻击性。

第五节　击球技术（前场技术）

前场技术包括网前的放、搓、推、勾、扑、挑球等。其中搓、推、勾、扑属进攻技术，要求击球前期动作有一致性，击球刹那间产生突变；握拍要活，动作细腻，手腕、手指要灵巧，以控制好球的落点。

前场击球的威胁较大,因球飞行距离较短,落地快,常使对手措手不及而直接得分。即使不能直接得分,也能迫使对方被动回球,创造下一拍的机会。若网前进攻和中、后场进攻能紧密结合起来,则能发挥前、后场的连续进攻,掌握主动权。

一、放网前球技术

正手放网前球:当对方将球击至自己正手网前时,以正手握拍法,用球拍轻轻切、托,将球向上弹起恰好一过网就朝下坠落,其一般的动作是侧身向球的方向移动,上身稍前倾,右手握拍于体前。步法移动的最后一步是右脚向来球方向,跨大弓箭步,身体重心要提高,前臂伸向来球,要往前上方举,稍上仰,斜对网。争取高点击球,握拍放松稍收腕,向球托斜侧提击或搓切。击球过程中左手要向后平举以协调动作。挥拍的力量、速度和拍面角度的大小,主要取决于来球离网的远近和速度的快慢。来球离网远,速度快些,则放球时的力量要大些,反之则力量要小些。放网后,身体还原成准备姿势(动作方法如图 2-30)。

图 2-30　正手放网前球

反手放网前球:击球前的动作要领同正手放网前球动作,只是方向相反。反手握拍,反面迎球,击球时,主要靠小臂的前伸、外旋和手腕由内收至外展的合力,轻托底部把球轻松过网。击球后,整个动作还原成下次击球的准备姿势。

二、网前搓球技术

正手网前搓球:击球前,小臂稍外旋,手腕由后伸至稍内收闪动;击球时在正手放网前球动作基础上,加快挥拍速度,搓切来球的右下部,使球旋转滚过网(动作方法如图 2-31)。

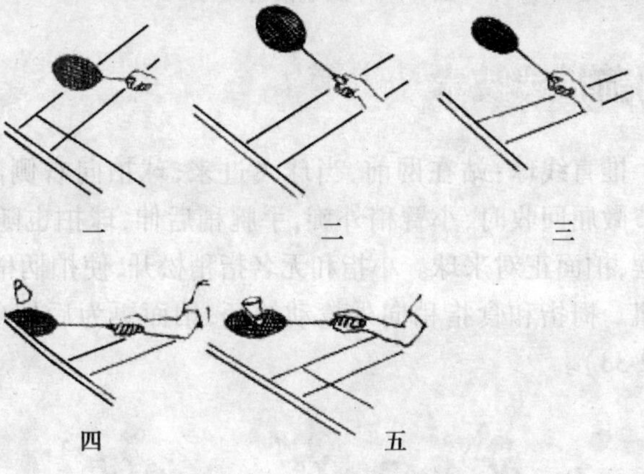

图 2-31　正手网前搓球

反手网前搓球:击球前,小臂前伸外旋,手腕由内收至外展状;搓击球的右侧后底部,使球侧旋滚动过网。另外还可以小臂稍伸直,手腕由外展到内收,带动球拍向前切送,击球托的后底部,使球下旋滚动过网(动作方法如图 2-32)。

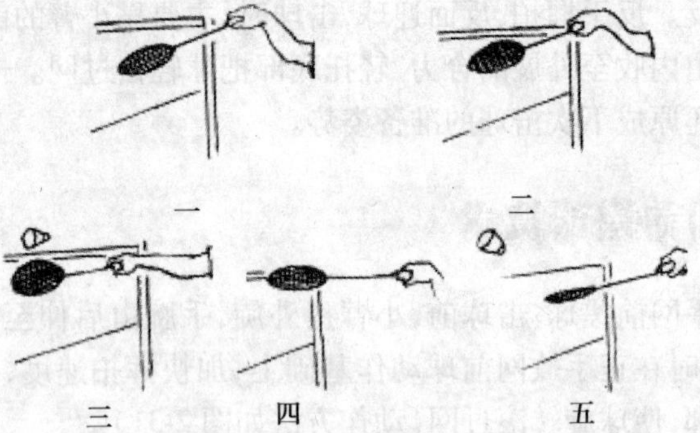

图 2-32　反手网前搓球

三、网前推球技术

正手推直线球：站在网前，当球飞过来，球拍向右侧前上举。在肘关节微屈回收时，小臂稍外旋，手腕稍后伸，球拍也随着往右稍下后摆，拍面正对来球。小指和无名指稍松开，使拍柄稍离开手掌鱼际肌。拇指和食指稍向外捻动拍柄，拍面更为后仰（动作方法如图 2-33）。

图 2-33　正手推直线球

正手推对角线球：推对角线技术的准备姿势和击球前动作与推直线相同，但是击球时击球点在右肩前，要推击球托的右侧后部，使球沿对角线方向飞去。这时，手腕控制拍面角度，闪腕时手臂不要完全伸直（动作方法如图 2-34）。

一　　二　　三　　四

图 2-34　正手推对角线球

反手推直线球：在网前较高的击球点上，以反手握拍法，用推击的方法向对方底线击出弧度较平、速度较快的球。其击球动作是：用反手握拍法，前臂伸时稍外旋，手腕由外展至伸直闪腕，中指、无名指和小指突然握紧拍柄，拇指顶压球拍，往前挥拍，推击球托的左侧面（动作方法如图 2-35）。

一　　二　　三

四　　五

图 2-35　反手推直线球

反手推对角线球：反手推对角线的击球动作基本与推直线球相同，区别点是在击球一刹那要急速向右前方挥拍，推击球的左侧后部，使球沿对角线方向飞行（动作方法如图2-36）。

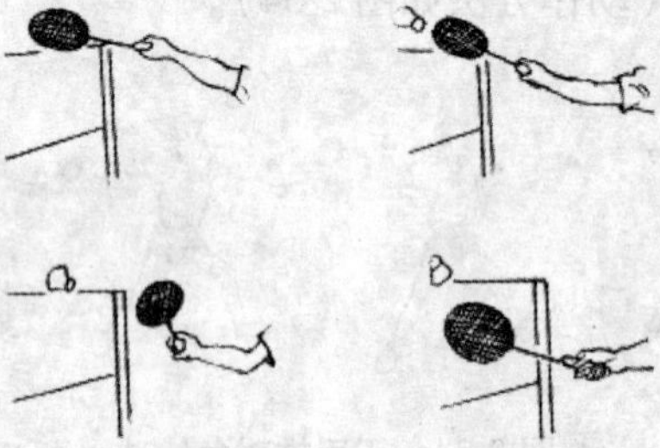

图2-36　反手推对角线球

四、网前勾球技术

正手网前勾对角线球：勾球一般采用并步加蹬跨步上网的步法。在步法移动的同时，球拍随着前臂往右前上方举起。前臂前伸的同时，稍有外旋，手腕微后伸，这时的握拍稍有变化——将拍柄稍向外捻动，使拇指贴在拍柄的宽面上，食指的第二指节贴在与其相对的另一个宽面上，拍柄不触及掌心。击球时，靠前臂稍有内旋往左拉收，手腕由稍后伸至内收，球拍拨击球托的右侧下部，由手腕和手指控制拍面角度。击球后，球拍回收至胸前（动作方法如图2-37）。

图 2-37　正手网前勾对角线球

反手网前勾对角线球：在步法移动的同时，手臂向左侧前方平举（注意手臂不要伸直，稍弯即可）。击球时，随着肘部下沉，前臂回收外旋，食指和拇指协调用力挥动拍柄，使拍面拨击球托的左侧后部，将球沿对角线飞越过网。击球后，球拍回收至胸前，为下次的来球作积极的准备（动作方法如图 2-38）。

图 2-38　反手网前勾对角线球

五、扑球技术

扑球是当来球在网顶上方时，能以最快的速度上网扑压来球的技术动作。扑球可分为正手扑球和反手扑球两种，其路线有直线、对角线和扑随身球三种。扑球在网前进攻技术中是威胁较大的一种技术。扑球的关键在于“快”。首先取决于判断快，其次要求起动快并采用蹬跨步或跳步上网，第三要出手快，抓住来球在网上的最高点机会出手，以迅雷不及掩耳之势，一举解决战斗。

正手网前扑球：身体腾空跃起或右脚蹬跨的同时，前臂往前上方举起，球拍正对来球方向。击球时，随着手臂由屈至伸，手腕由后伸至向前闪动及手指的顶压，将球扑下。其中手腕是控制力量的关键，挥拍距离短，动作小，爆发力强，扑击的球才会具有一定威胁。如果球离网顶较近，就采用“滑动式”扑球方式，用手腕从右向左将球拍压下去，这样可以避免球拍触网犯规。扑球后，注意腿上的缓冲，控制重心，以免身体触网（动作方法如图 2-39）。

图 2-39　正手网前扑球

反手网前扑球：反手握拍，持于左侧前。当身体跃起或蹬跨上网时，球拍随前臂前伸而举起，手腕微屈，拇指顶压在拍柄宽面上，其他四指自然并拢，拍面正对来球。击球时，手臂由屈至伸，手腕由微展至后伸并用力闪动，拇指顶压，加速挥拍扑击。击球后，球拍随手臂回收至体前。

扑球动作的常见错误：

（1）动作太大，挥拍时间长，因而不能及时把握时机，并且易出现触网犯规现象。

（2）手腕没有闪动动作，使球缺少向下的飞行趋势，容易造成底线出界。

（3）顾手不顾脚。扑球动作向前惯性大，初学者往往只注意手上的动作，而忽视击球后的腿的缓冲动作，因而容易造成犯规。

六、挑球技术

正手网前挑球：准备动作同正手放网前球动作。击球前前臂充分外旋，手腕尽量后伸。击球时，从右下向右前方至左上方挥拍击球。在此基础上，若球拍向右前上方挥动，挑出的是直线高球；若球拍向左前方挥动，挑出的则是对角高球（动作方法如图2-40）。

反手网前挑球：准备姿势同反手放网前球动作。击球前右臂往后拉抬肘引拍。击球时前臂充分内旋，手腕由屈至后伸闪动挥拍击球。若球拍由左下向左前上方挥动，则球向直线方向飞行；若球拍由左下向右前上方挥动，则球向对角线方向飞行。

羽毛球前场技术易出现的毛病：手腕与手指运用不当，不是用力过猛，就是拍面控制不好，使击出的球离网太高，太远或落网；站位离网过近，妨碍了击球动作；击球前肘部过直。

图 2-40　正手网前挑球

第六节　击球技术(中场技术)

一、挡网前球技术

正手挡网前球:用接杀球的步法移至右场近边线,身体右倾,手臂右伸,前臂外旋,手腕外展,持拍准备接球。击球时,前臂内旋稍翻肘带动球拍由右下向前上方推送击球,把球推向直线网前(动作方法如图 2-41)。

另一种是击球时前臂从外旋到内收,带动球拍由右向前切送挡直线网前。击球后,身体左转成正面对网,然后右脚上前一步,球拍随身体向左转收至体前。

正手挡对角网前球:准备姿势同上。挥拍击球时,在肘关节屈收时前臂稍有内旋,手腕由后伸到内收闪动击球托的右侧。击球点在右侧前,手腕手指控制拍面角度,使球向对角线网前坠落(动作方法如图 2-42)。

图 2-41 正手挡网前球

图 2-42 正手挡对角网前球

二、接杀球技术

反手接杀挡直线网前球:用接杀球的步法移至左场区边线,身体左转前倾，侧肩对网，有时弯曲，手腕外展，引拍左肩前上方。击球时借对方来球的冲力，以前臂带动球拍由左上方向左前方用拇指的顶力挥拍轻击球托，把球挡回直线网前。击球后，身体右转成正面对网，球拍随身体的移动收至体前（动作方法如图 2-43）。

图 2-43　反手接杀挡直线网前球

反手接杀勾对角网前球：用反手接杀勾对角握拍法。击球时，手腕由外展到外伸闪动挥拍击球托的左侧下部，使球向对角飞行。

正手接杀挑直线后场高球：击球前右手臂稍向右后拉，前臂外旋，手腕尽量后伸，引拍于右后侧。击球时，前臂内旋，手腕从后伸到收腕闪动，急速向前挥拍将球挑到对方后场。击球后前臂内旋，球拍往体前上方挥动再回收到体前。

反手接杀挑后场高球：击球前，小臂内旋，手腕外展，引拍至左侧前。当对方杀左边线球时，快速移到来球前，大臂支撑，小臂急速往右前方挥摆，手腕由外展至后伸闪动，握紧球拍，加上拇指的顶力，全速挥拍击球，使球向直线方向飞行。若向对角线方向挥拍，则球向对角线方向飞行。

三、抽球技术

正手平抽球：站在右场区的中部，两脚平行站立稍宽于肩，重心在两脚间，微屈膝收腹，正手握拍举于右肩前。击球前肘关节前摆，前臂稍往后带外旋，手腕稍外展至后伸，引拍至体后。击球时前臂内旋，手腕伸直闪动，手指抓紧拍柄，球拍由右后往右前方快速平扫击来球。击球后手臂左摆，左脚往左前方迈一步，右脚跟一步回中心位置（动作方法如图 2-44）。

图 2-44　正手平抽球

反手平抽球：右脚前交叉在左侧前，重心在左脚上，右手反手握拍在左侧前。击球前肘部稍上抬，前臂内旋，手腕外展，引拍至左侧。击球时，在髋的右转带动下，前臂外旋，手腕由外展到伸直闪动，挥拍击球托的底部。击球后，球拍随身体的回动收回到右侧前。平抽球易出现的错误：身体重心不稳，影响了手臂的击球动作；击球时间掌握不准确；击球时没有完成前臂带动腕部，手指抽鞭式地向前闪动，影响了爆发力（动作方法如图 2-45）。

图 2-45　反手平抽球

正手平抽球(快打)：两脚分开，右脚稍前，左脚在后，两膝弯曲成半蹲式，正面握扣(虎口对宽面)，举起球拍，拍面超过头顶。当判断来球是在头顶上时，身体稍往前移，同时左脚往前跨一小

图 2-46　正手平抽快打球

步，右脚稍微伸直，成左弓箭步，把击球点选在右肩的前上方。上臂向前上方抬起，肘弯曲，前臂稍后摆带有外旋，引拍于头后。击球时前臂向前，手腕由后伸至前屈闪动挥拍击球托的后部，使球平直、急速地飞向对方中间场区附近。击球后，球拍随势前盖，右脚往左前方迈一步，站在中线两侧稍偏后的位置上，球拍由左下回举至前上方，准备迎击第二次来球（动作方法如图2-46）。

反手平抽挡（快打）：两脚平行站在左场区，重心在右脚，举拍于右侧前。当判断来球是在左场内时，右前臂往左摆，身体稍向左转至右肩对网，左脚也往左侧迈一小步，前臂内旋，手腕外展引拍于左侧后。击球时，前臂外旋，手腕伸直闪动，手指抓紧拍柄，击球托后部，使球比较平直地向前飞进（动作方法如图2-47）。

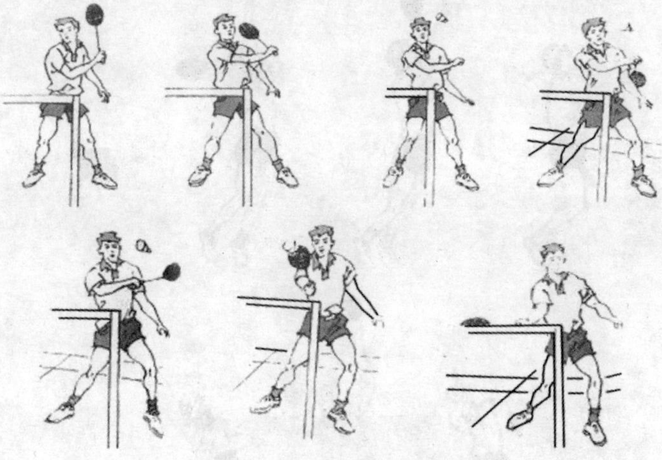

图2-47　反手平抽快打球

第七节　击球技术（后场技术）

击高球是后场击球技术之一，高球分为高远球和平高球。击高远球就是把球打得又高又远,球飞至对方底线是从高球发展而来,它飞行的速度比高远球快,弧线比高远球低,是后场进攻的有效技术之一。击高球可分为正手、头顶、反手击直线和对角线高球。

一、正手击直线高球和对角线高球技术

起跳后手腕控制球拍对准来球路线,快速挥拍击打球的后部,球即沿着直线飞行;若手腕控制拍面击球托的右下方,球则沿着对角线方向飞行。击球后,手臂随惯性自然回收至胸前(动作方法如图 2-48)。

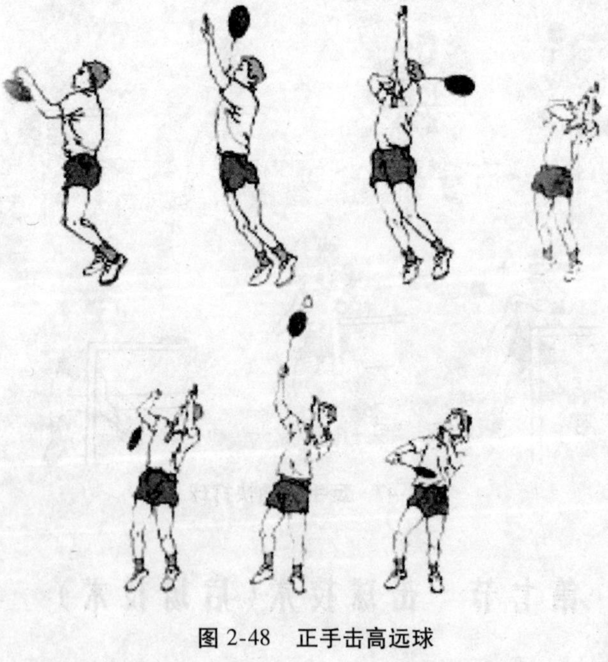

图 2-48 正手击高远球

二、头顶击直线高球和对角高球技术

如果对方击过来的球飞往后场区，那么击球点应该选择在头顶上前方的部位，用力挥拍鞭击球托后部，使球沿直线高飞过网（动作方法如图 2-49）。

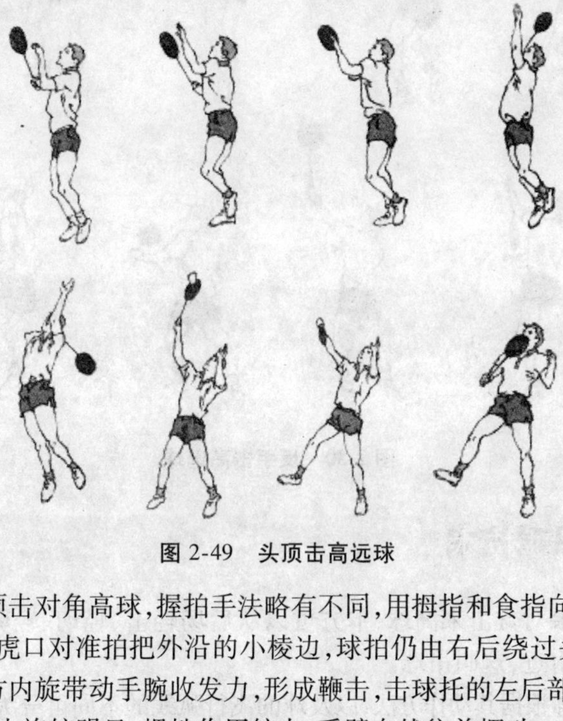

图 2-49　头顶击高远球

头顶击对角高球，握拍手法略有不同，用拇指和食指向左捻动拍柄，使虎口对准拍把外沿的小棱边，球拍仍由右后绕过头顶，小臂向前方内旋带动手腕收发力，形成鞭击，击球托的左后部。击球后，小臂内旋较明显，惯性作用较大，手臂自然往前摆动。

三、反手击高远球技术

对方的来球飞向左后场区的时候，要迅速把身体转向后方，移动到适合的击球位置，背对球网，反手握拍，沿半弧形击球，把球击向后上方(动作方法如图 2-50)。

图 2-50 反手击高远球

四、吊球技术

如果对方击来高球,本方可以从后场轻击、轻切、轻劈到对方的近网附近,这叫吊球。

吊球根据其动作方法,以及球的飞行弧线的不同可分为轻吊、拦吊、劈吊;根据出手的位置和球落向的位置又可分为以下几种技术。

(一) 正手吊直线球和吊对角线球技术

吊直线球时,击球用力的方向是朝前下方,但是击球瞬间,小臂突然减速,用手腕的闪动向下轻轻切击球托的右侧后下方,使球越网后即下落;吊对角线球时,击球用力的方向是对角线斜下方

(动作方法如图2-51)。

图2-51　正手吊直线和对角线球

(二) 头顶吊直线球和吊对角线球技术

击球动作几乎和头顶直线高远球相似,只是击球的瞬间,小臂突然内旋并往前下方挥拍,手腕的外伸后展带动球拍轻点球托的左侧后下部,球沿直线飞行(动作方法如图2-52)。

图2-52　头顶吊直线和对角线球

(三) 反手吊直线球和吊对角线球技术

反手吊直线球和反手吊对角线球的击球前的动作同反手击高球动作类似。不同的是小臂要上摆,用拇指内侧顶住拍柄,手腕向后"甩"轻击球托的后下部位,使球的飞行方向朝着直线和对角线方向落到对方网前(动作方法如图 2-53)。

图 2-53　反手吊直线和对角线球

(四) 头顶杀球技术

头顶正手杀直线球的准备姿势同头顶击高球类似。不同之处在挥拍击球时,要靠腰腹带动大臂,协调小臂、手腕的综合力量形成鞭击动作,全力往下方击球,拍面与水平面的夹角小于 90°。头

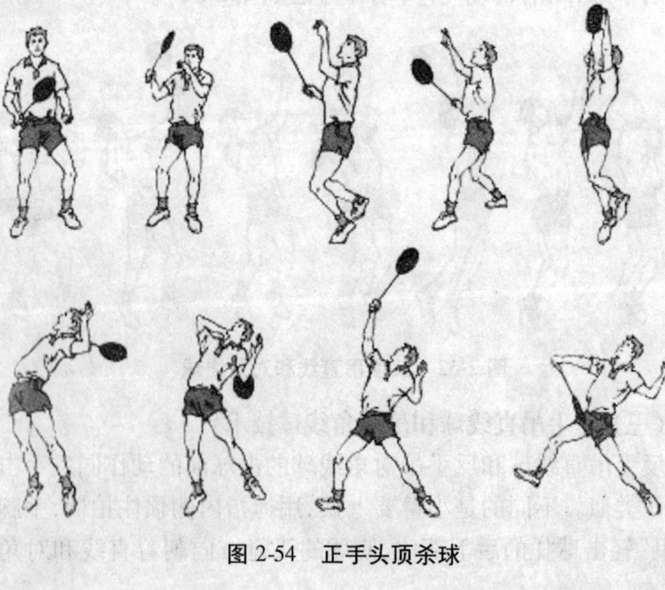

图 2-54　正手头顶杀球

顶扣杀对角线的动作方法基本同上，只是击球时要全力向对角线方向击球才行（动作方法如图 2-54）。

（五）反手杀球技术

反手杀球的准备动作与反手击高球相同。不同之处是击球前的挥拍用力要大，跳起后身体反弓加上手臂、手腕的后伸、外展的鞭打用力，可向对方的直线或对角线的下方用力，击球瞬间球拍与扣杀球方向的水平夹角应小于 90°。

（六）跳起腾空突击杀球技术

除了上述几种扣杀技术外，还有一种扣杀是比赛中经常会用到的，它就是腾空突击扣杀技术。当对手击出弧度较低的平高球时，身体腾空，上体后仰成反弓形，肩尽量后拉，击球时，小臂快速举起，手腕从后伸到内旋、小臂跟着屈收压腕鞭打，高速向前下击球（动作方法如图 2-55）。

图 2-55　跳起正手杀球

第八节　步　法

一、场上步法的基本环节

（一）起动

对来球的反应判断，即从中心位置上准备接球姿势转为向击球位置出发，称为起动。一场比赛要起动几百次（基本上是每回击一拍起动一次）。要做到起动快，必须反应敏捷、判断准确和起动的准备姿势正确。

（二）移动

移动主要指从中心位置起动后到击球位置的移动方法。移动的基本步法有垫步、交叉步、小碎步、并步、蹬转步、蹬跨步和腾跳步等。运用这些方法，构成了从中心位置到场区不同位置击球的组合步法——后退步法、两侧移动步法和上网步法。自中心位置到击球点的步数，一般用一步、两步或三步，这必须根据当时球离身体的远近来决定。影响移动速度的因素有步数的多少、步频的快慢和步幅的大小。下面是各种移动的基本步法。

（1）垫步：当右（左）脚向前（后）迈出一步后，另一脚跟进，紧接着以同一脚向同一方向再边移一步，为垫步。垫步一般作为调整步法用。

（2）交叉步：左右脚交替向前、向侧或向后移动为交叉步。经另一脚前面超越的为前交叉步，经另一脚后面超越的为后交叉步。交叉步一般在后退打后场球时运用得较多。

（3）小碎步：以小的交叉步移动的称为小碎步。由于步幅小、步频快，一般在起动或回动起始时用。

(4) 并步:右脚向前(或向后)移动一步时,左脚即刻向右脚跟并一步,紧接着右脚再向前(向后)移动一步,称为并步。

(5) 蹬转步:以一脚为轴,另一脚作向后或向前蹬转步。

(6) 蹬跨步:在移动的最后一步,左脚用力向后蹬的同时,右脚向来球的方向跨出一大步,称为蹬跨步。它多用于上网击球,在后场底线两角移动抽球时也常采用。

(7) 腾跳步:起跳腾空击球的步法为腾跳步。它可分为两种:一种是上网扑球或向两侧移动突击杀球时,以领先的脚(或双脚)起跳,作扑球或突击杀球;另一种是对方击来高远球时,用右脚(或双脚)起跳到最高点时杀球。

(三) 到位配合击球

移动本身有目的,它是为击球服务的。所谓"步法到位",即指根据不同的击球方式,运动员应站到最适合这种击球的最有利的位置上。如果没有占据最理想的位置,最后(击球前)还需要作小步调整,使击球动作能协调发力。

(四) 回动(回中心位置)

击球后,应尽力保持(或尽快恢复)身体平衡,并即刻向中心位置移动,以便在中心位置上做好迎击下一个来球的准备,称为回动。初学者往往缺乏"回中心"的意识,哪里打完球就停在哪里,这是必须改正的。当然,运动员随着比赛经验的积累,逐渐体会到并非千篇一律地每击一次球都必须回中心,而应根据比赛当时的实际情况,根据双方技、战术的特点,选择最合理的回击对方来球的回动路线和回动位置。

二、基本步法

（一）上网移动步法

1. 要点

从中心位置移动到网前击球的步法，称为上网步法。上网步法可根据各人习惯采用交叉步、并步、垫步或蹬跨步。

正手上网的步法：可采用两步或三步交叉步加蹬跨步移动的方法，也可采用垫一步再跨一大步移动的方法上网。

反手上网的步法：同右边上网，只是移动方向是朝左边网前。

2. 要求

（1）什么位置做最后一步蹬跨为好，要看球的位置而定。一般以最后一步跨出后，侧身对网，自然伸直手臂让拍子能击到球为宜，远了打不到球，近了会妨碍击球动作，且延长了回动距离。

（2）最后的蹬跨步都应是右脚在前，步幅较大，脚触地点应超越膝关节的位置，身体重心在右脚上。右脚应以脚跟外侧先着地，然后过渡到脚掌，并用脚趾制动，不使身体再前冲。

（3）放网前球、挑球一般采用低姿势。搓球、推球、勾球时身体较直，重心较高。扑球时往往需向前方蹬跳。

3. 如何加大步幅

跨步上网的步幅并不是越大越好，因为步幅过大往往会影响回动的速度。所以，一般大步幅的跨步上网，通常在被动接网前球时较多见。如果平时的跨步上网步幅过小，或被动时也无法加大蹬跨的步幅，可能与最后一步左脚蹬地的用力方向过于朝上、最后一步左脚蹬地的力量不够及下肢的柔韧性较差有关。

（二）两侧移动步法（接杀球）

从中心向左右两侧移动到击球点上击球的步法，称为两侧移动步法。它一般用于中场接杀球，起跳突击。

向右侧移动步法：离中心较近时用蹬跨一大步到位击球，如离中心较远，则垫一小步后右脚再跨一大步。

向左侧移动步法：与向右侧移动步法相同，方向相反。

起跳腾空步法：为了争取时间高点击球，用单脚或双脚起跳，居高临下，凌空一击的方法叫起跳腾空击球，主要采用并步加蹬跳步，这种步法在两侧突击进攻时频繁使用。

（三）后退移动步法

从中心移动到后场各个击球点的位置上击球的步法称为后退步法。

正手后退（右场区）步法：一般采用侧身后退步法，有利于到位后挥拍击球。多采用并步加跳步。

头顶击球（左场区）步法：一般采用侧身后退步法，移动方向是向左后场，采用后交叉加跳步步法。

（四）前、后场连贯移动步法

连贯移动是指两个或两个以上击球动作之间的移动是连贯的。一般有两种移动：一种是战术目的明确或预测判断有十分把握的情况下步法移动迅速；另一种是双方互相还击的球速都比较快。如接杀抽球、放网球、勾球、推球等技术，运动员移动起来步法之间衔接很快，不仅条理性强，而且连贯性也好。其实无论什么情况，两个技术动作之间的步法必然会稍有停顿现象。只要运动员节奏掌握好，就不为人所注意。击球动作与步法之间，步法与步法之间的节奏应如何掌握？击球以后急急忙忙赶回中心位置，站在那里静等对方的来球并不好，因为从静止到运动既消耗体力又难以起动。这样的停顿是不可取的（有时也不可避免，尤其在双打，挑起高球后往往只好在那里等着，但双打防守范围较小），停顿的时间应该选择在对方即将击球的瞬间。总之，步法有一定的移动规律，掌握了这个规律，在场上就显得轻松自如。但来球的落点是千变万化的，步法还要随机应变，灵活调整。这种调整并不破坏步法的规律性，而是使步法更灵活。

(五) 每次击球后回中心的重要性

在羽毛球的技术练习和比赛中,都十分强调在每一次击球后必须回动到球场的"中心"位置,这在羽毛球术语中称为"回中心"。这里所指的中心位置,并不是简单地指球场的中央,而是指根据自己击球的落点、质量以及对方下一拍可能采用的技术方法等,确定自己最有利于做出下一拍击球和能有侧重地照顾自己一边场区的位置。这个"中心"可偏前,可偏后,可偏左,可偏右。譬如,当在网前搓了一个比较贴网的球,而对方又无法抢到比较高的击球点击球时,只要稍稍后退一步回动,实际上已完成了"回中心"动作。因为,如果对方要在被动的情况下将球还击到后场的话,此时必须做一个弧线很高的挑球,这样就完全有足够的时间进行后退还击。

(六) 后场被动步法

后场被动步法是指在被动中从中场向后场两侧脚步移动的方法。实战中,通常在被动中还击对方的平高球,尤其是推球时较多见。与网前被动步法一样,后场被动步法首先在于,击球时间比较仓促,击球点必然较低,因此要运用腰腹的力量调整自己的身体重心,使其能快速地降低并后移。其次是后场被动击球时,为了有利于发力,击球点应离自己的身体稍远一些。所以,在正手后场被动步法移动时,一般都比较多地采用后交叉的方法。即左脚先向击球点方向后退一步,随即以左脚为轴,身体向右转动侧对后场击球点方向,同时右脚迅速向后跨一大步击球。如果击球点离自己较远时,也可采用三步后退的方法,即在此前右脚先做一退步,以缩短与击球点之间的距离。反手后场被动步法基本与反手后退步法相同,区别主要在于,移动和击球时身体重心要明显降低。

第三章 羽毛球战术和打法

羽毛球战术是指运动员在比赛中为表现出高超的竞技水平和战胜对手而采取的计谋和行动。任何战术的目的都是为了更好地发挥自己的技术特长,制约对方特长的发挥,控制和掌握比赛的主动权,从而争取比赛的胜利。

羽毛球技术是指符合人体运动科学原理,能充分发挥身体的潜能,有效地完成动作的合理方法。一个球员掌握的技术越全面、熟练、正确和实用,那么他的战术的运用和实现也就越有保证。因此,在熟练和正确地掌握一定数量和质量的技术动作的前提下,球员才能在比赛实践中,伺机在一定的时间和空间条件下,合理地、灵活地组合运用战术。

所以,就技术和战术的关系而言,技术是战术的基础,是组成战术所必不可少的基本要素。先进的技术必然促进战术的发展和变化,而战术的不断变化和发展,同样也反过来促进原有技术的更新与发展。它们之间存在着相互联系、互为影响、共同发展的辩证关系。

羽毛球运动中的每一个击球动作,都是在大脑皮质支配下的肌肉活动。人体肌肉活动的基本能力可以表现在很多方面,如肌肉收缩力量的大小、完成单个动作频率的快慢、体位移动一定距离的速度、保持肌肉快速工作能力的长短以及长时间持续工作的能力等;此外,还表现在关节活动范围的大小,动作是否协调、舒展和轻盈上。通常,我们把人体在运动中所表现出来的力量、速度、耐力、灵敏及柔韧性等机能能力称为身体素质。

战术是建立在技术的基础之上的，而良好的身体素质又是掌握运动技术、提高运动成绩的基础。失去了这个基础，一切技术，乃至战术都将无从谈起。同样，战术往往也对运动员的身体素质提出更高的要求，并促使其发展和提高。

譬如，我们如果想运用守中反攻战术，没有快速的移动能力和良好的速度耐力，那是绝对不可想象的；如果想要运用下压控制网前战术，就必须具备快速凶猛的杀球和快速抢网突击的能力。这就对快速的力量素质和良好的速度耐力素质提出了很高的要求。

第一节 战术在比赛中的作用和合理运用

一、战术在比赛中的作用

当今世界羽毛球运动的水平越来越高，一些高难度技术的出现使羽毛球比赛更显得精彩纷呈，比赛的胜负往往在一两分之差。因此，要想在强手如林的比赛中战胜对方，或者在各种层次的比赛中，力争获胜机会，必须合理地运用战术，才能掌握主动，控制局面，取得比赛的胜利。

羽毛球的战术，是指在羽毛球比赛中为了实现攻防目的，比赛者根据羽毛球运动的特点和规律，有目的地采用的特定组织形式和方法。

组织运用战术的目的，都是为了扬己之长，攻彼之短，制约对手，争取优势，赢得比赛的胜利。因此，衡量一个战术组织是否合理，运用是否正确，就要看在比赛中能否最大限度发挥比赛者的技术优势、体能特长和主观能动性，从而有效地控制比赛的主动权。

二、如何合理运用战术和打法

在瞬息万变的比赛中要正确合理运用战术，首先要根据对方的特点和薄弱环节确定本方的基本打法。那么，什么是羽毛球比赛的基本打法呢？运动员根据各自的技术特长、战术打法、身体素质和作风等不同条件，在长期训练和比赛中形成的技术打法类型，称为基本打法。基本打法确定后，再根据对方情况，组织实施战术配合，做到知彼知己，百战不殆。

组织战术配合要根据我国羽毛球运动“快速、凶狠、准确、灵活”的战术风格和“以我为主、以快为主、以攻为主”的指导思想，结合本方的具体条件，组织、设计符合本方技术风格特点的战术体系，并能充分体现战略指导思想。比如本方队员扣杀能力比较强，相应确定和设计进攻以轮发球快攻为主的战术，从比赛开始就保证主动地位。

组织战术配合要充分体现快速、简单、实用，要以最快的速度、最短的时间确定本方的打法，并以最简捷的方法展开战术配合，不要盲目追求套路和模式；要确定基本的落位、行动路线、攻击点和侧重面，并要注意攻守平衡，切记只顾进攻，不重视防守的倾向；要合理考虑攻守迅速转换。这是当代羽毛球运动发展对组织战术的新要求。

战术的运用要机动灵活，随机应变。要根据对方的特点和比赛局势，变化战术和打法，使对方疲于应付。比如，对方的网前小球技术比较强，那么就压后场底线，再伺机进行扣杀。因此，在比赛中既要执行整体战略、战术，又要根据临场的变化，发挥个体的主动性和创造性，并善于捕捉战机，果断行动，运用杀伤力强的战术，使对方处于被动挨打的局面，取得比赛的全面胜利。

第二节　羽毛球单打的战术和打法

一、羽毛球单打战术

羽毛球单打战术是指运动员在比赛中寻找对方的失误和缺陷以及技术上的薄弱环节而采用的攻其不备的有效方法。

（一）发球战术

发球不受对方干扰，只要在规则允许的范围内，发球者可以随心所欲地以任何方式发到对方接球区的任何一点。采用变化多端的发球战术，常常能起到先发制人、取得主动的作用。因此，发球在比赛中占有重要地位。

在采用发球战术时，眼睛不要只看自己的球和球拍，应用余光注视对方的情况，找出薄弱环节。发各种球的准备姿势和动作要注意一致性，给对方的判断带来困难，使其处于消极等待的状态。发球后应立即把球拍举至胸前，根据情况调整自己的位置，两脚开立，身体重心居中，但一定注意重心不要站死。眼睛紧盯对方，观察对方的任何变化，积极准备还击。

1. 发后场高远球

这是单打中常用的发球，要求把球发到对方端线处，迫使对方后退还击，给对方进攻制造难度。发高远球虽然弧线高，飞行时间长，但由于离网距离远，球从高处垂直下落，后场进攻技术差的对手较难下压进攻。把球发到对方左、右发球区的底线外角处，能调动对方至底线边角，便于下一拍打对方对角网前，拉开对方的站位。特别是左场区的底线外角位是对方反手区，更是主要攻击的目标。但发球至右场区的底线外角时要提防对方以直线平高球攻击自己的后场反手区。如把球发到对方接发球区底线的左、右半区的内角位，能避免对方以快速的直线攻击自己的两边。

2. 发平高球

发平高球，球的飞行弧线较低，但对方仍然必须退到后场才能还击。由于球的飞行速度快，对方没有充裕的时间考虑对策，回球质量会受到一定的影响。对于球队飞行弧线的控制，应看对方站位的前后和人的高矮及弹跳能力而定，以恰好不给对方半途拦截机会为宜。落点的选择基本与发高远球相同。

3. 发平快球

发平快球（或者平高球）和网前球配合，争取创造第三拍的主动进攻机会，组成了发球抢攻的战术。发平快球属于进攻性发球，球速很快，作为突袭手段，如运用得当，往往能取得主动。但当接球方有所准备时，也能半途拦截，以快制快，发球方反会处于被动。发平快球时球的落点一般应在对方反手区，或直接对准接发球者的身体，使对手措手不及。

4. 发网前球

发网前球能减少对方把球往下压的机会，发球后立即进入互相抢攻的局面。把球发到前发球线内角，球飞行的路线较短，容易封住对方攻击自己后场的角度。发球到前发球线外角位能起到调离对方中心位置的作用。特别是在右场区发球至前发球线外角位，能使对方反手区出现大片空当。但对方也能以直线推平球攻击发球者的后场反手。如果预先提防，可用头顶球还击。发网前球也可以发对方的追身球，造成对方被动。发网前球时最好配合发底线球，才能有较好的效果。

（二）接发球战术

接发球虽然处于被动、等待的状态，但由于发球时受到规则的限制，使发球不能给接发球者带来太大的威胁。发球者发球只能发到对角线的接发球区内，而接发球者只需防守半个不到区域，却可还击到对方整个场区。所以，接发球者若能处理好这一拍，也可取得主动。

1. 接发高远球、平高球

一般可用平高球、吊球或杀球还击。如对方发球后站位适中，进攻时要注意落点的准确性。若用杀球、吊球还击，自己的速度要跟上；如果对方发球质量很好就不要盲目重杀，可用高远球、平高球还击，伺机再攻，或者用点杀、劈杀、劈吊下压先抑制对方。

2. 接发网前球

可用平推球、放网前或挑高球还击。当对方发球过网较高时，要抢先上网扑杀。接发网前球的击球点应尽量抢高。

3. 接发平快球

要观察对方的发球意图，随时做好准备。借用对方的发球力量快杀空当或追身都能奏效，也可借助反弹力拦吊对角网前。

(三) 逼反手战术

就所有的运动员而言，后场的反手击球总是或多或少地弱于正手击球，相对进攻性不强，球路也较简单(由于生理解剖结构的限制)，有的运动员还不能在后场用反手把球打到对方端线，所以对于对方的反手要毫不放松地加以攻击。

1. 调开对方位置

使对方反手区露出空当，然后把球打到反手区，迫使对方使用反拍击球。

2. 对反手较差的对手

后场反手较差的人，经常使用头顶击球、侧身击球、侧身弓击球来弥补反手的不足。由于头顶、侧身击反手区时，身体重心、身体位置要偏向左场区的边线，因而可以重复攻击对方的反手区，使其身体位置远离中心。这样本来是对方优点的正手区就出现大片的空当，成了被攻击的目标。当对方打来半场高球时，如对方移动慢，扣杀落点应在他刚离开的位置。因为在快速移动中，要马上停住再回转身来接杀球是很困难的。迫使对方在后场用反拍击球时,要主动向前移动位置,封住网前。当对方在后场用反手吊直线或对角网前球时,就可以很快上前扑杀或搓、勾,为下一拍创造主动的机会。

(四) 平高球压底线战术

将快速、准确的平高球打到对方后场两角,在对方不能拦截的前提下尽量降低球的飞行弧线,把对方紧压在底线,当对方回击半场高球时,就可以扣杀进攻。使用平高球压底线时,如配合劈吊和劈杀可增加平高球的战术效果。一般情况下,平高球的落点和杀、吊的落点拉得越开效果越好。

(五) 拉、吊结合杀球战术

此战术是把球准确地打到对方场区的四个角上,使对方每次击球都要在场上来回奔跑。使用这种战术时,对不同特点的对手要采用不同的拉、吊方法。对后退步法慢的可以多打前、后场;对盲目跑动满场飞的可使用重复球和假动作;对灵活性差的应多打对角线,尽量使对方多转身;对后场反手差的仍通过拉开后攻反手;对体力不好的可用多拍拉、吊来消耗其体力,然后战胜之。

如能熟练地使用平高球、劈吊和网前搓、推、勾技术,快速拉开对方,伺机突击扣杀,则这一战术能收到更好的效果。

(六) 吊、杀上网战术

先在后场以轻杀、点杀、劈杀配合吊球把球下压,落点要选择在场地两边,使对方被动回球。对方还击网前球时,迅速上网以贴网的搓球,或勾对角,或快速平推创造半场扣杀机会;若对方在网前挑高球,可在其向后退的过程中把球直接杀向他的身上。

(七) 过渡球战术

过渡球是为了摆脱被动,为下一拍的反攻积极创造条件。怎样才能变被动为主动是比赛中的重要一环。首先争取时间调整好自己的位置和控制住身体的重心。从网前或后场底线击出高远球是被动时常用的手段。当处于不停地跑动追球的状态时,或身体重心失去控制时,都可以打出高远球,以赢得时间,恢复身体重心,调整自己的处境。其次,利用球路变化打乱对方的进攻步骤。在接杀球或接吊球时要把球还击到远离对方的地方,以破坏对方吊、杀上网的连续快速进攻。如果对方吊、杀球后盲目上网,而自己的位置较好时,则可把球还击到对方底线。

(八) 防守反攻战术

这一战术是对付那种盲目进攻而体力又差的对手。比赛开始,先以高球诱使对方进攻,在对方只顾进攻而疏于自己的防守时,即可突击进攻。或者在对方体力下降、速度减慢时再发动进攻。这种开始固守、乘虚而入、以逸待劳、后发制人的战术有时效果也较好。

二、羽毛球单打的打法

单打的打法是根据比赛者的个人技术特点、身体素质、心理素质等条件而形成的技术打法,常见的大约有以下几种。

(一) 控制后场,高球压底战术

从发球开始就运用高远球或进攻性的平高球压对方后场底线,迫使对方后退,当对方回球不够后时,以扣杀球制胜;或当对方疏于前场防守时,就可以以轻吊、搓球等技术在网前吊球轻取。轻吊必须在若干次高远球大力压住后场,对方又不能及时回到前场的情况下进行。这种打法主要是力量和后场的高、吊、杀技术的较量。对初学者,这是一种必须首先学习的基础打法。

(二) 打四角球,高短结合战术

在后场,以高远球、平高球和吊球,在前场则以放网前球、推球和挑球准确地攻击对方场区前后左右四个角落,调动对方前后左右奔跑,顾此失彼,待对方来不及回中心位置或回球质量差时,向其空当部位发动进攻制胜。这种打法要求进攻队员具有较强的控制球落点的能力和灵活快速的步法，有速度，否则难占上风。

（三）下压为主，控制网前战术

这种打法主要通过后场的高远球、扣杀、劈杀、吊球等技术，先发制人，然后快速上网以搓、推、扑、勾等技术，高点控制网前，导致对方直接失误，或被动击球过网，被进攻队员一举击败。通常也称为“杀上网”。这是进攻型的打法，能够快速上网高点控制网前，速度耐力和力量耐力也要求较高。这种打法，体力消耗较大，如果碰上防守技术好的对手，体力就往往成为成败的关键因素。

（四）快拉快吊，前后结合战术

以平高球快压对方后场两底角，配合快吊网前两角（或运用劈杀）引对方上网，当对方被动回击网前球时，即迅速上网控制网前，以网前搓、勾球结合推后场底线两角，迫使对方疲于应付，为前场扑杀和中、后场大力扣杀创造机会。这也是一种积极主动、快速进攻的打法。这种打法，要求运动员身体素质好，特别是速度耐力要好，技术全面熟练，而且还具备突击进攻的特长技术。

（五）守中反攻，攻守兼备战术

以平高球和快吊球击向对方前后左右四个角落，以调动对方。让对方先进攻，针对进攻方打的高远球、四方球、吊球等，加强防守，以快速灵活的步法、多变的球路和刁钻准确的落点，诱使对方在进攻中匆忙移动，勉强扣杀，造成击球失误，或当对方回球质量较差时，抓住有利战机，突击进攻。这种打法要求队员具有攻中有守、守中有攻的控球和反控球能力，不仅应具备优良的速度耐力、灵活的步法、准确快速的反应和判断应变能力，更应具有顽强的拼搏精神和心理素质，这样才能在逆境和被动中保持沉着冷静，并奋起反击。我国羽坛名将韩健即是这种打法的典型。

第三节　羽毛球双打的战术和打法

一、羽毛球双打战术

双打比单打每方增加一名队员，而场地宽度仅增加92厘米，接发球区还比单打缩短了76厘米。因此双打从发球开始就形成短兵相接的局面。由于进攻和防守都加强了，这就更加要求运动员技术全面，能攻善守，反应灵敏。特别是对发球、接发球、平抽、挡、封网、扑、连续扣杀、接杀挑高球及防守反击等诸多技术要求更高。两名队员配合默契，相互信任，打法上攻守衔接及站位轮转协调一致，是打好双打的关键。双打战术是本方以熟练的技术、默契的配合，在比赛中寻找对方薄弱环节和空当，果断地抓住时机，充分发挥自己的优势和特长，掌握比赛的主动权而克敌制胜的一种有效的方法。常见的双打战术有以下六种。

(一) 发球战术

由于双打的后发球线比单打短，在双打中若发高远球，接发球方可以大力扣杀，直接争取主动，同时又较少有后顾之忧。因此站位往往压在靠近前发球线处，对发球者造成很大的心理上和技术上的威胁。所以，发球质量、路线的配合、弧线的制造、落点的变化对整个双打比赛的胜负意义极其重大。可以毫不夸张地说，比赛的双方若水平差不多则胜负取决于发球质量。

1. 发球站位

发球的站位不同，对发球的飞行路线、弧线、落点和第三拍的击球都有关系。

(1) 发球者紧靠前发球线和中线。这种站位始于反手发网前内角，球过网后球托向下，不易被对方扑击。由于站位靠前，也便于第三拍封网。但站位靠前不利于发平快球，一般是发网前内角位球配合发双打后发球线的外角位平高球。

（2）发球者站位离前发球线半米，靠中线。这种站位发球的选择面较广，正、反手都可发网前球、平快球、平高球，并且各种路线都可以发。缺点是球的飞行时间长，对方有较多时间判断处理，发球后如果抢网较慢也容易失去网前主动权。

（3）发球者站在离中线较远处。这种站位主要用于在右场区以正手和左场区以反手发平快球攻对方双打后发球线的内角位，配合发网前外角。值得一提的是，这种发球只能作为一种变换手段。因为这种发球只对反应慢、攻击力差的对手有一定威胁，对方有了准备时作用就不大了，而且还会使自己陷入被动。

2. 发球路线

发球路线和落点的选择需注意如下几点。

（1）调动对方站位，破坏对方打法。如对方甲、乙两名队员站成甲在后、乙在前的进攻队形，在发球给乙时可以后场为主结合网前，而发球给甲时却要以发网前为主结合后场，这样，从发球起就阻挠了对方调整站位。

（2）避实就虚，抓住对方弱点发球抢攻。首先要看接发球者的站位，如果他紧压网前站在网前内角位，可用发网前与后场动作的一致性发球到对方后场外角位；如对方离中线较远，则可发平快球突袭后场内角位；对接发球路线呆板、变化少的，可针对这种情况发球后抢封角度突击。

（3）发球要有变化。发球时，网前要和后场配合，网前的内角、外角，底线的内角、外角位的配合，使对方首尾难于兼顾，多点设防，疲于应付；在发球的弧线上也要有变化。这样，接球方就难以摸到发球方的规律了。

3. 发球时间的变化

接发球方在准备接发球时,思想虽然高度集中,但因受到发球方的牵制,他要等球发出后才能判断、启动、还击。所以,发球动作的快、慢也应在规则允许的范围内有所变化,不要给接球方掌握规律。

4. 发球时心理的影响

在双打比赛中,有时会出现发球失常。其原因,一是发球技术不过硬,二是受接发球者的影响。由于接球者站位逼前,扑、杀凶狠且命中率较高,加之比分正处于关键时心情紧张,造成手软从而影响了发球质量。遇到这种情况,首先要沉住气,观察接发球者的动向、心理意图与接发球的路线和规律,提高发球质量,增强还击第三拍的信心。另外,发球的路线要善变且无规律,真真假假、虚虚实实,这样就会减少不必要的顾虑,发球质量也会稳定下来。

(二) 接发球战术

接发球虽然受发球方的牵制,属于被动等待,但由于规则对发球作了击球点不能过腰、球拍上沿须明显低于手、动作必须连续向前挥动(不许做假动作)、不能迟迟不发等诸多限制,所以使发球者发出的球不能具有太大的威胁。接发球方如果判断准确,启动快、还击及时,就能在对方发球质量稍差时杀、扑得手或取得主动;反之,也会接发球失误或还击不利使自己陷入被动。

1. 接发内角位网前球

以扑或轻压对方两边中场及发球者身体为主要攻击点,配合网前搓、勾等其他线路。

2. 接发外角位网前球

除了以上打的点外,还可以平推对方底线两角以调动对方一名队员至边角,扩大对方另一队员的防守范围。

3. 接发内角、外角位后场球

应以发球者为攻击点,力争扣杀追身球。如启动慢了,可用平高球打到对方底线两角。一般发球者在后场球发出后，后退准备接杀的情况居多，这时可用拦截吊球，落点可选择在发球者的对角。

（三）攻人战术

这是双打中常用的一种战术，就是以人为攻击目标。对付两名技术水平高低不一的对手时，一般都采用这种战术。对付两名实力相当的对手也可采用这一战术。它集中攻势于对方一名队员，常能起到“集中优势兵力打歼灭战”的作用；在另一队员过来协助时，又会暴露出空当，可在其仓促接应、立足不稳时偷袭他。

（四）攻中路战术

1. 守方左右站位时把球打在两人的中间

这种战术可以造成守方两人抢接一球或同时让球，彼此难以协调；限制对手在接杀球时挑大角度高球调动攻方；有利于攻方的封网。由于打对方中路，对方回球的角度也小，网前队员封网的难度就小了。

2. 守方前后站位时把球下压或轻推在边线半场处

这种战术多半是在接发网前球和守中反攻抢网时运用。这种球守方前场队员拦截不到，后场队员又只能以下手击球放网或挑高球，后场两角便会露出很大空当，因而有隙可乘，攻击他的空当或身体位。

（五）攻后场战术

这种战术常用来对付后场扣杀能力较差的对手，把对方弱者调动到后场后也可以使用。此战术多采用平高球、平推球、挑底线把对方一人紧逼在底线，使其在底线两角移动击球，在其还击出半场高球或网前高球时即可大力扣杀，取得该球的胜利或主动。如在逼底线两角时对方同伴要后退支援，则可攻击网前空当或打后退者的追身球。

(六) 后攻前封战术

后场队员积极大力扣杀创造机会，在对方接杀放网、挑高球或企图反击抽球时，前场队员以扑、搓、勾、推控制网前，或拦截吊、点封住前半场，使整个进攻连贯而又有节奏变化，使对方防不胜防。

(七) 防守战术

1. 调整站位

为了摆脱被动，伺机转入反攻，首先要调整好防守时的站位。如果是网前挑高球，那么击球者应该直线后退，切忌对角后退。直线后退路线短、站位快、对角后退路线长，也容易被对方打追身球。另一名队员应根据同伴移动后的情况补到空当位。双打防守时的站位调整，都是一名队员在跑动击球时，另一名队员根据同伴的移动情况填补空当。

2. 防守球

(1) 攻方杀球者和封网队员在半边场前后一条直线上，接杀球应打到另半边前场或后场。

(2) 攻方杀球者和封网者在前后对角位上，接杀球可还击到杀球者的网前或封网者的后场。

(3) 攻方杀球者杀对角后，另一名队员想要退到后场去助攻时，接杀球时可以还击到网前中路或直线网前。

(4) 把攻方杀来的直线球挑对角，杀来的对角球挑直线以调动杀球者。

关于防守的方法还有许多，目的都是为了破坏攻方的进攻节奏和进攻的势头，在攻方进攻势头一减时即可平抽或蹲挡，若攻方站位混乱出现空当时，守方即可抓住战机转守为攻取得主动。

二、羽毛球双打打法

双打打法是根据双方的技术水平、身体素质和心理素质以及伙伴的配合特点，经过长期训练而形成的。常见的大致有以下三种。

（一）前后站位打法

前后站位打法，基本上是本方处于发球时所采用。发球的队员站位较前。当发球员发球后立即举拍封堵前场区，另一名球员则负责中场或后场的各种来球。前后站位法可充分运用快攻压网前搓、吊、推、扑技术，寻找空隙，一举打乱对方站位；或通过后攻前扑，后场连续大力扣杀，前场积极封堵，当回球在网附近时，一举给以致命打击。

（二）左右站位打法

左右站位打法，基本上为本方处于接发球状态和受到下压进攻时所采用。对方发球或打来的平高球处于后场，接球方可从原来的前后站位立刻转换为左右站位，两人各负责左右半场区的防守，以平抽、平打压住对方后场底线两角，在对方扣杀球时也能以平抽反击或挑高远球至两底角，造成对方回球无力，一举扣杀或吊球成功。

（三）轮转站位打法

一般在比赛时，攻守双方总是根据比赛的实际情况，不断地在前后站位和左右站位间相互变换。对于站位的变换通常具有如下特点。

（1）发球或接发球时前后站位。当对方回击高球至后场偏一侧进攻时，位于前面的队员要直线后退，后方的队员看情况向侧移动，改换成左右站位。

（2）发球或接发球时处于左右平行站位。在发球后或在对击球过程中，一旦有机会进行下压进攻时，一名球员便快速上网封堵，另一人则快速移动到后场进行大力扣、吊、杀球。

三、羽毛球双打防守战术

观看羽毛球比赛时候，最为激动人心的要算双打的扣杀了，一方在后场高高跳起扣杀，另一方将球挑回后场。双打中很多时候都是依靠后场杀球得分。在双打中，作为防守一方，需要争取进攻，进攻是双打取胜的惟一方法。

双打中最基本的战术意图就是让对手将球向上打。当对手将球挑起来，你就可以下压进攻。而换过来，当你将球向上打的时候，你就处在防守当中。这时候，你的意识应该是寻找机会反攻。最成功的防守就是让对手下一拍不能再进攻。

娴熟的技巧和快速的反应在双打中是必需的，但是作为双打好手不能局限于此。最为关键的意识，就是寻找对方的漏洞，在防守中寻找最好的反攻机会。防守的关键不是要两个人成为人墙，尽管将对手打过来的球回击回去能让对手消耗体能。但是成功的防守应该是反击。这就是所谓的主动防守。而当打高球的时候，必须意识到自己的球没有任何威胁，很可能就要处在防守的位置上了。而进攻的方式是多种多样的，同样，也需要根据对手的技术、站位等应用各种的技术取得主动。

（一）选位

当将球挑到对手场区有足够的深度和高度的时候，你和同伴应该并排防守。防守对手直线球的队员靠近自己的场区边线，而防守对手斜线进攻的队员站位靠近中间，并排防守直线的球员站得靠近网前一点，因为斜线球距离长，而有时间反应。例如，将球打到对手头顶后场的时候，右面场区的防守队员站位靠近右面的场区边线，而左面的防守球员向中间靠近，以减少两个人之间的空当。

当在网前挑高球的时候，需要直线后退，这样同伴在后面能清楚看见你的行动，而站位后一点所受到的威胁小一点，有足够的时间斜线补位。

当同伴在后场打直线高球的时候，你需要斜线后退，例如同伴在头顶打直线高球，你应该斜线后退到右面的场区，而让同伴防守左面的场区。这是因为你在前面看不到同伴的动作，当你意识到同伴回球是高球的时候，对方可能已经做好进攻的准备了。而你直线后退的话，意味着你在对手直线杀球的线路上，那时候，你就成为对手进攻的目标了。

双打时打出斜线高球需要深思熟虑。因为你的同伴将不知道怎么补位。当他斜线后退，自己处在对手直线进攻的威胁下，而他直线后退，却和你撞在一起。

在场地中，你与同伴间有一个防守的阵型，两人应该向球所在的那边场地靠近。两人之间的距离要保证，并且重点防守两人之间的区域。当球打到对手后场角落的时候，防守的要点是防守直线球的球员靠近边线，而防守斜线球的球员向场地中心靠近，这是需一再强调的阵型。

站位的前后问题，取决于回球的深度和高度。当回球的高度和深度足够的时候，可以大胆地向网前靠近一点。那样在接对方杀球的时候，球的位置高一点，甚至可以不需要再挑高球，同时可使对手还原的时间减少，更能保护自己的网前。如果回球不够高度和深度，或者只能回到半场，那防守就要向后退，在后半场准备。此时，将球不断挑起来，只能被对手一拍接一拍地不断进攻，而对方忽然放网前球或杀球，都将是致命的打击。因此必须寻找机会主动放网前球，然后回到前场保护网前，减少对手连续进攻的机会。

上述双打站位，当你和同伴都向球的方向移动时，大斜线的位置好像存在一个空当。对手斜线进攻怎么办？其实，当你把球挑到角落的位置的时候，对手要将球杀到斜线的场区，必须要经过中间场区，也就是说，大部分的角度，靠近中间场区的同伴都能照顾到,要进攻那个看上去是空当的位置,进攻球的线路角度非常的大,而且是向球场边线以外的地方打的,过网以后的距离短,通常力量不大。对方进攻这个位置的时候,进攻球员还有在对手回直线球时,怎样才能保持连续进攻的顾虑。

(二)手法

当你和同伴站好位以后,就要准备接球。准备的要点是将拍子在身前举起,肘关节要抬起,微微弯腰,双脚保持灵活。击球的要点是要将球在你的身体前面击出。肘关节不能夹紧和贴着腰部,那样会减少击球的空间和影响发力。击球的时候运用手腕,并且挥动前臂帮助发力。整个手臂(包括肩部和大臂)大幅度挥动对发力没有太大的帮助,反而给对手进攻追身的机会。有的人喜欢拍头向上挥拍,那样具有进攻性,但是球的高度在肩以下的时候,就要将拍头放平或者向下。这时候,用手指顶着球拍的宽面能更好地帮助自己控制球。注意自己的身体重心,虽然两脚分得很开,或者将重心压低对接杀球有帮助,但是对手的进攻是多样的,有可能吊球,甚至打进攻性的平球,重心太低不利于及时回击这些进攻。

许多人喜欢在准备接球前选择正手或者反手握拍来准备,如果需要选择的话,反手握拍更好一点。尽管觉得正手可以大力抽击对方的杀球,但是对于进攻贴身的杀球,正手的握法显然比不上反手握拍,至少反手握拍能保护自己的身体,以及右手肘部的位置。

当站好位置,集中精神做好防守准备的时候,重点防守的应该是对方的追身球和两人之间的位置。留下的空当看来只有斜线了。以下是两种双打配合的基本模式。

(1)两人都采用正手握拍。这是最常用的,两人都不需要为自己的正手位置担心。

(2)一个正手握拍,一个反手握拍。这种方式有可能在两人的结合部拍子发生接触。一般情况下,防守直线的队员采用反手握拍,而在中间的队员采用正手握拍,采用这种防守方式的时候,通常是中间防守的球员比边线防守的球员能力要强得多,他需要照顾更多的空间。在这种情况下,防守队员会故意留一个空当给对方进攻,而自己准备好接这个空当的球。而中间的防守队员能非常快速地转换自己的握拍方式,因为对手也有可能进攻自己的反手位置的。如果对手的杀球非常强,最好采用反手握拍,站位偏后来防守。

防守的时候要放松,放松是让手指、手腕发力的最好办法,如果一直紧握球拍,就难以发出爆发力击球,只有在接球的瞬间才握紧球拍,手指才用力顶着球拍。

(三) 击球

防守的最大目的在于让对手下一拍不能连续进攻,至少使其进攻效率减低。寻找反攻的机会和抑制对手的连续进攻,是主动防守的目的。

以下是几种防守的回球技巧。

1. 直线或者斜线放网

当对手封网的人距离球网较远的时候,这是最好的办法。如果击球的质量好的话,将迫使对手转换为防守。而放网的同时,放网的队员必须负责向前封着网前的来球,因为对手很有可能会回击网前球。所以,放网的队员跟上网是这个战术的关键。

2. 直线中场球

球刚好越过前面的进攻队员而落在后面进攻队员的身前,进攻队员没有办法连续杀球,迫使他放网前或者将球挑起。这个战术要求打出直线中场球的队员有良好的控制能力,因为对方可能放网和推后场。如果打出直线中场后,继续保持并排队形,接下一拍将是攻防转换的关键。另一种方法是,判断对手不能打出非常具有攻击型的回球时候,打直线中场球的球员立刻上网,保护网前,而另一队员后退负责后场,从而进行进攻队形的转换。

3. 平抽

这是非常具有进攻性的回球,目标是将杀过来的球平着抽回去,使得对手在杀球后来不及还原,以造成对手被动或者不能继续进攻。在平抽斜线的时候要注意,必须穿越对方在网前队员的拦截,否则,将造成自己更大的被动。

4. 将球挑起来

当进攻队员在一个场区的角落杀球,以及失去重心的时候,这样的回球也是有效的。或者在没有找到对手漏洞的时候,这也是稳健的防守形式。必须注意的是,球的高度不能让对手前方队员拦截。并且球的方向要有变化,最常用到的是遇直变斜,遇斜变直,使得对手在两角来回移动。对手重心调整不过来的时候,将无法继续杀球。

采用哪一种技术,并非取决于自己的爱好,而是通过观察对方网前球员的站位决定的。通常网前的球员保护网前和截杀来球,其实网前的进攻威胁性要比后场进攻大得多。

当网前队员的注意力集中在封网的时候,他的站位比较靠前,甚至站在发球线之前,这个时候,将球打到后场,或者通过中场球的运用是最有效的。而一些进攻性强的队员在网前的时候,他们注意的是截杀防守队员的平抽或者质量不高的回球,或者保护后场队员的对角线以及进行前后进攻队员位置的交换。他们的站位往往比较靠后,在中场附近,这时候,放网前球的效果最为理想。

(四) 关于斜线球

在双打中,斜线球被认为效率不高,而又将进攻压力推到自己的同伴,使得对手进攻角度增加回球。但是并非在双打中不能运用斜线球。关键在于技术运用的时机,技术本身没有绝对的优劣,而在于运用的人在适当的时候打出适当的球路。

一般来说,进攻队员在后场杀球的时候,前面封网的队员会向球所在的场区靠拢。因为那样可以最大限度地封住防守队员的回球角度。当接杀回直线球被对手网前截住的时候,可尝试接杀放对角。因为对手的站位已经偏向防直线,而斜线回球往往出乎对手意外。当受到对手连续的进攻,感觉压力非常大的时候,尝试一下回斜线球。因为此时,同伴正想为你分担部分的压力,而你也可以通过斜线球作一个小的调整。

四、双打应注意的问题

双打关键有几点是需要注意和提高的。

防守能力普遍不强,主要是接杀,而且在接杀时一直是挑球,防守转进攻的机会创造不出来。站位偏后,越防越后,反而吊球接不到。防守中压网的意识要一直存在,就像印度尼西亚队的双打,防守都处在前半场。"宁愿死在前面"这往往是教练经常提醒我们的。

连续进攻的能力欠缺,杀完球后下一拍就连不上了,很少是连续杀,除非对方是一直挑球。这主要是后场攻完没有向前跟。另外网前封网时,有机会就要一直压住对方,不要放网,否则就为对方解围了。

防守技术要点:

(1) 挡网。这是技术要求最高的过渡技术之一,挡球时通常不是正击球托,而是带有一点切削或滑板,让球以比较稳定的弧线在下落轨迹时贴网到达对方网前的场区。其优点是限制了对方封网的压迫,在挡网后迅速趋前封网,迫使对方挑球,基本上能马上转入进攻状态。这种技术较适合力量较差但技术、手感好的运动员使用,对对方的进攻节奏直接进行破坏。

(2) 平抽。面对一些落点不是很刁的杀球,或者突然性不强、质量不好的吊球,可及时平抽过网,要求压网的意识一直存在,站位较前。其优点是速度快,对技术、手感的要求不算太高,常常让对手措手不及;但对自己的反应和力量的要求较高,而且若同伴的速度、反攻意识跟不上,很可能浪费许多机会,不适合一快一慢的配对作为主要打法使用。

(3) 变线。这是一种意识上的强调,在被动的时候多变线,尤其是防守到强弩之末时强迫自己变线,往往能改变被动局面。双打中面对对方非前后重叠站位的进攻,多采用变线抽、挑对方的站位连线中点后场,球是以你的点和对方两人站位连线的中点,两点成一线的方向飞行。

第四节　羽毛球混合双打的战术和打法

混合双打在战术技巧上都不亚于任何一个项目。对一个教练或训练者来说,如果自己手下的球员技巧好,体力耐力够,当然是单打人选;如果球员双打观念好,攻守俱佳,但体力不是拔尖,自不会被安排打单打。或许是这个原因,使得打混双的选手往往成为最后的考虑,所以比赛的精彩程度自然大打折扣。双打讲究的是搭档彼此间的默契,所以在训练时常形影不离,对男双女双这两种同性别的搭档来说自无问题,但对混双来说就没这么方便,所以为了默契,混合双打常可见到夫妻或情侣档。

在战略上,一般比赛都以女前男后的攻击队形来应阵,除非搭档的男队员实力远不如女队员,才依一般双打的情形变换阵式,甚至女后男前来掩护着男队员。正式比赛中,女队员因攻击力比男队员弱,所以大部分的球都会打到女队员那边去,因此女队员的防守能力就比攻击能力显得重要;男队员因为主控攻击并负责较大的防守区域,移位必须迅速,才能应付偌大的区域。混双攻守的要领如同双打,若能破坏对方的队形,拉长女队员防守距离,以中场平球来干扰双方位置,必能增加攻击机会以取分。混双犹如一剑一盾地厮杀,谁的剑利,谁的盾坚固便能赢得战局,惟有混双才能看得到刚柔并济的比赛。我国著名选手孙俊和葛菲、张军和高崚是世界羽坛混双的绝佳组合。

第五节 羽毛球战法要诀

比赛的胜负,往往取决于技术、身体素质、战术和心理素质等的训练水平,以及在比赛中综合运用这些因素的竞技能力。一场比赛的胜负可能是两种因素起了主导作用。但是要想经常取胜,就需要不断努力训练,全面提高和完善各种竞技能力。

一、技术要全面、熟练,要有特长

无论是发球与接发球(包括高远球、平高球、网前球),还是后场的高、吊、杀,前场的搓、推、勾、扑、挑,以及中场的接杀、平抽、平挡等,加上左右前后移动的步法,都要全面掌握,并能熟练运用。全面基本技术是基础,不应有明显的弱点,没有特别薄弱的技术漏洞。在熟练掌握各项技术的基础上,发展个人特长技术。羽毛球技术的特点是手法一致性、灵活性、突变性强。许多技术动作在击球前的准备过程中是十分相似的,在击球的瞬间突然变换动作,使对方出乎意料,被假象迷惑陷于被动,来不及反应而失误。就个人来说,通过长期精心刻苦的训练,是完全可能形成特长技术,也就是个人“绝招”的。例如:杀劈对角的特长是与杀直线或平高直线相结合形成的;网前假动作勾对角是与网前推相结合形成的;等等。

如果发现对方手法上有较明显的弱点,便可以有针对性地制订应变的战术。例如:对于反拍及头顶手法差的对手,应多采用“重复攻反手后场区”为主的战术,迫使对方用其弱点打球;对于网前手法不凶、不稳、没威胁的对手,要以攻“前场区”为主的战术,多打吊劈球上网前,当对方打网前球时,尽量多打“重复搓和勾球”战术,大胆与对方斗网前球;对于后场手法不凶,平高、杀、劈没多大威胁的对手,要用“攻后场区”为主的战术,尽量多采用平高球或高远球控制对方后场区,伺机突击。

二、专项身体素质好是比赛致胜的重要保证

羽毛球运动的快、准、狠、稳、多变的技术和战术特点,决定了运动员在全面发展身体素质的基础上,要突出速度、速度力量(爆发力)和力量耐力等专项素质。在场上具体表现为:转体侧身和弯腰动作速度快,下肢各种步法的变换、连接和重心的交替迅速协调,上手击球出手快,手腕、前臂及肩爆发力强等。根据对手身体素质的优缺点可制订相应的战术。例如:对付速度慢,突击能力较差,但耐力好的对手,不能跟着对方的节奏打,而应采用“快速高吊突击进攻”为主的战术,破坏对方的节奏;对付速度快,突击能力强,但耐心差的对手,则要尽最大努力与对手周旋,多打几个回合,逼使对方急躁起来,伺机反击;对付身材高大,转体与步法不灵,但杀上网好的对手,不但要能守得住,而且要以勾两对角球来破坏其优势,抓住其转体与步法不灵的弱点,在主动控制时,应采用打侧身转体、杀劈、勾的球路克制对手。

在羽毛球的重量训练中,选手训练手部的重点往往摆在手臂与手腕上,因此要练就强劲的球路,自非难事。然而由于球拍设计越来越轻,使得人常会忽略指力与握力的重要性。一般在打球时,未击球状态下,手指是轻握球拍,保持拇指与食指的灵活性;只在击球时才用力,以保持拍面的稳定性。

指握力的训练可以采用虎钳式握力器，或是做手腕来回挥动时，握一些握柄较大的重物做练习，这样除了能增加握拍的力量外，还能在比赛中对快球及连续性的杀球，迅速翻转拍面，大大降低挥拍不及时的情形。因此指握力训练对打出质量佳的球不可忽视。

三、战术意识好，应变能力强，才能掌握比赛主动权

战术意识是指运动员在千变万化的比赛过程中，能够准确地观察判断比赛场上的情况，并根据实际情况随机应变地准确地决定自己应如何行动的能力和同伴配合的能力。

运动员在训练和比赛过程中，要学会善于动脑筋，用心计，摸规律，求实效；要增强使用技术的目的性；明了在比赛中使用某种技术时应起到的作用。例如，在后场获得主动权后，想要组织一次进攻，该打平高球而不能打高远球。又如当对方被逼失去中心位置，要加快速度，应该采用劈吊、劈杀技术而不应采用轻吊技术。运动员还要增强动作的预见性和判断的准确性、敏捷性。例如，从后场正手击一进攻性平高球时，就要根据出球的速度、弧度和落点，以及对方移动情况，预见对方可能回击什么球，使自己在下一动作之前已有所准备。当对方回击时，能够准确地判断来球的方向和落点，及时出现在那里，主动控制比赛局面。除此之外，还应该在出手动作上做文章，出手一瞬间要有变化，力求动作隐蔽些，打法诡诈些，虚虚实实，真真假假，干扰对方的判断，造成对方的判断错误，使对方防不胜防。

四、保持最佳竞技状态

竞技体育项目不能脱离比赛，比赛是以争取最高运动成绩为目标的。这是作为一名优秀运动员必须建立的信念。比赛是在一

定的时间、空间里，在激烈的攻守对抗条件下进行的，它必然要给运动员造成强大的生理和心理负担。运动员必须适应比赛的要求，提高比赛能力。

运动员要充满自信心，勇于拼搏，迎接挑战，不畏强手，不怕抵抗。无论比分领先、落后，情绪始终要稳定，不急不躁，排除一切杂念和干扰，把注意力集中在技、战术的合理运用上。只要每次比赛都坚持这样做，就必定会赛一场进一步，迎来更多的胜利。比赛切忌骄傲自大，麻痹轻敌；想赢怕输，紧张失常；急躁冒险，松懈泄气。只有认真地对待比赛的每个对手，每一分、每一球，坚持到底，才能取得胜利。

第四章 羽毛球训练

第一节 训练计划的制订

羽毛球运动既有健身、娱乐的功效，又有竞技的作用。其最大的特点是活动量可根据各人年龄大小或体质强弱而定。经常参加羽毛球运动的锻炼，不仅可以提高身体的活动能力，改善内脏器官的功能，增强体质，提高工作、学习效率，而且还可以培养勇敢顽强、灵活机动、果断沉着等优良品质和作风。正因为这样，羽毛球运动才越来越受到人们的欢迎。但是在进行自我锻炼或进行羽毛球训练时，一定要有计划、有节奏、有步骤、有目的地进行，千万不能凭一时冲动“暴食暴饮”，而应按自己的工作情况、学习情况、身体健康状况和运动水平，作出具体的安排。个人计划应体现自己的特色，力求在原有的基础上进一步提高体质、技术水平，以有利于调节脑力、身心疲劳，提高工作、学习效率，完善生长发育和增强体质为准则。制订自我锻炼计划时，可采用条目式，做到相对稳定、局部调整。应重点考虑以下几个方面。

一、要全面锻炼和循序渐进

羽毛球运动的锻炼，能促进人体的全面发展。因此，在制订锻炼计划时，选择的内容、方法、手段应多样化，使上下肢和躯干都得到锻炼，并使内脏器官的功能也相应地得到提高。在增强身体素质方面，应使力量、速度、耐力、灵敏和柔韧都得到发展。在提高技术与战术方面,应熟练、准确地掌握各种技术,并在比赛中运用自如。整个计划内容安排,也应由简到繁,由易到难、由浅入深,有系统地进行锻炼。运动量的安排也应由小到大逐步增加。初学者运动量应小些,复杂和难度大的技术与战术最好不要安排,以免造成不必要的损伤。对自己的身体情况,要做到全面了解,身体素质好的要求高些,体质弱的则应减少锻炼的时间、练习的次数和运动量。

二、训练要求实效

就羽毛球运动而言,训练的内容有:技术训练、战术训练、步法训练、心理素质和作风训练等。但对个人来说,并不需要每次训练都面面俱到,而应着重某一项目的训练。因此,在制订计划时,要根据自己实际情况和场地器材的条件来安排,尤其是要针对自己的弱点进行训练。这样既能全面提高身体素质,便于掌握技术动作,又能集中时间和精力,抓住最能实现训练目的的内容与手段进行训练。

三、制订训练计划要讲究实际

制订羽毛球运动训练计划,不仅要考虑自己工作和学习的专业性质、场地器材设备、羽毛球运动基础及全年工作和学习任务的安排,还要考虑到气候、季节等条件。一般来说,冬季运动量可稍大些,夏季运动量应适当减少。

羽毛球运动训练计划的种类通常有四种:第一是全年训练计划;第二是季度训练计划;第三是每周训练计划;第四是每日训练计划。制订全年训练计划时,首先要根据自己全年工作、学习的情况,安排好全年的训练时间;其次是要根据体质情况、羽毛球运动技术水平、场地器材等条件安排训练内容;最后,根据季节特点,有重点地把训练项目安排到四个季节中去(如:冬季可多安排一些力量、耐力性练习,夏季可多进行速度、灵敏、柔韧性等练习)。在制订季度训练计划时,要确定每周的训练次数、时间、内容,再安排每次训练的内容和运动量。例如:每周训练六次,大运动量最好安排在周一和周四;中运动量安排在周二和周五;小运动量安排在周三和周六。每次训练一般先安排重点项目,如把技术训练放在前面,或把学习新的技术放在前面,再安排步法、战术或身体素质的训练,力求上下肢、躯干搭配合理。一般把每次训练分为准备、基本、整理三大部分。

羽毛球训练计划不要过于复杂,内容也不要太多,但一经制订,就要认真、严格地执行,不要轻易改变,甚至放弃。

四、运动量的安排

运动量的安排要适当,每次训练量不能过大,也不能太小。根据人体在运动时的一般规律,在一定范围内,消耗越大,恢复过程也就越完善,超量恢复也就越明显。但超过一定的限度,恢复过程就会不完善。这就是说,训练时要想获得一定的效果,必须要有一定的疲劳。运动生理学上讲"没有疲劳就等于没有训练",就是这个道理。

羽毛球的运动量究竟多大为好呢?可以用自我医务监督的方法来衡量。自我医务监督可分为两部分内容。一是自我感觉,训练后身体感觉有点累,但经过一晚睡眠,第二天自我感觉良好,精力充沛,食欲增加效果较好。反之,如果睡觉不好,吃饭不香,全身无力,记忆力减弱,说明运动量过大了。二是客观材料,最简单易行的是测量脉搏和体重。早晨起床前测量一下自己的脉搏,如果搏动有力,节律匀称,次数正常(每分钟搏动65至75次左右),那么训练效果是好的。假如心搏跳动无力,心律不齐,体重下降,运动量就太大了,应立即调整。经调整运动量后,这种现象仍无好转,就要请医生检查,找出原因,及时治疗,绝不可粗心大意。

羽毛球训练计划的执行要与医务监督相结合,以便及时发现问题,及时加以调整,使训练计划不断完善,训练效果不断提高。

第二节　羽毛球身体素质训练

羽毛球运动的实力是由心理、技术、战术和身体素质四个方面组成。这四个方面是相辅相成,缺一不可的。高水平的羽毛球比赛给观众的感觉是运动员打起来十分轻松自如,不需要消耗很大的体能。其实,打好羽毛球比赛不仅需要技术、战术水平和心理素质,而且需要很好的体能。一场实力相当的高水平羽毛球比赛,短则30分钟,长则70至90分钟,运动员在如此长的时间内,挥拍击球的次数为500左右,两脚不停地在35平方米的场地上运动,其距离可达3000米左右。为了一球的争夺,来回数十拍,往往出现生理上的“极点”现象,心跳激增至每分钟180次以上,心脏排出的血液和肺的呼吸次数较平时大为增多。所以身体素质训练是羽毛球训练的重要组成部分。

羽毛球运动对抗性强、速度快、变化多,运动员必须具备良好的全面的身体素质,才能保证技、战术得到充分的发挥,争取比赛胜利。

身体素质是指人体在运动中所表现出来的机能能力。其内容有:力量、速度、耐力、弹跳力、灵敏度、柔韧性等。运动员比赛中能力的大小表明素质水平的高低。

身体素质训练是指采用各种有效手段和方法,增进运动员身体健康,全面发展身体素质,提高肌体活动能力的锻炼。身体素质训练分一般(全面)身体训练和专项身体训练两类。羽毛球运动的素质训练,是在全面身体素质训练基础上发展专项素质。身体素质训练内容项目很多,根据运动员的肌肉活动特征来看,它是由周期性运动和非周期性运动相结合的混合性练习;从羽毛球运动强度和持续时间看,它是短暂的高强度运动与维持一定时间的低强度运动相间隔的持续性运动。因此,羽毛球运动身体素质训练应以力量为基础,速度为主体,同时发展速度、耐力、灵敏、柔韧和弹跳力等。

一、力量素质训练

力量素质是指肌肉在工作时克服内外阻力所表现出来的能量。力量素质是人体进行体育运动的基本素质之一,是获得运动技能和取得优异运动成绩的基础,也是其他身体素质发展的重要因素。据统计,一场激烈的羽毛球比赛,运动员在场上反复快速移动,再加上蹬、跳、跨、击球、跳起扣杀等,对下肢力量的要求很高。无论是在前场的搓、推、勾、扑球、放球,还是在后场的挥拍吊球、扣杀都需要一定的手部、手臂、肩部、腰背肌肉的力量。因而,羽毛球运动对上肢、肩部、躯干肌肉群的力量要求也较高。所以,在教学、训练以及自我训练中,应科学地、系统地注意增强上、下肢及躯干肌肉群的力量素质。

(一) 上肢力量

羽毛球运动的上肢力量应重点发展、提高挥拍击球的力量及速度,使出球凶狠,给对手造成威胁。

上肢力量训练主要是发展手腕、小臂(前臂)、大臂(上臂)、肩部等部位的肌肉力量。

1. 常用的训练方法

(1) 持哑铃练习。① 哑铃推举,② 哑铃前平举,③ 哑铃扩胸,④ 哑铃侧平举,⑤ 哑铃体前平举,⑥ 哑铃俯立侧平举,⑦ 哑铃两臂交换摆动,⑧ 哑铃前臂屈伸,⑨ 哑铃臂绕环,⑩ 哑铃体前臂交换推。

(2) 徒手练习。① 靠墙手倒立,② 靠墙手侧立臂屈伸,③ 俯卧撑,④ 俯卧撑推起击掌,⑤ 指卧撑,⑥ 仰卧撑。

(3) 双人练习。① 牵拉:两人面对面站立,两腿前后分开,两人的同侧脚相对顶住,同一侧的手互握,两手同时用力牵拉对方,一方的脚离地为失败。② 抗阻力臂屈伸:两人面对面站立,两手指交叉互握,做抗阻力的臂屈伸练习 20 至 30 次。练习时两人的脚均不得离地。③ 推小车:练习者直接俯撑,身体挺直,同伙握其双脚跟抬起他的身体,做快速的双手撑地向前爬行练习,也可攀台阶。

(4) 肋木练习。① 握肋木两臂屈伸,② 前倒推起,③ 侧上举,④ 水平静力支撑。

(5) 沙袋球和实心球练习。① 单手正面推掷球,② 单手侧向推掷球,③ 单手肩上前甩球,④ 单(双)手体前上抛球,⑤ 双手向后抛球,⑥ 双手侧抛球。

(6) 杠铃练习。① 单手上举,② 站立推举,③ 提铃上举,④ 斜上推举,⑤ 颈后推举,⑥ 直臂上举,⑦ 前平举,⑧ 坐推举,⑨ 卧推举,⑩ 上提杠铃、转动杠铃杠、俯卧扩胸。

(7) 单杠引体向上。

2. 常用的上肢专项力量练习方法

(1) 连续挥羽毛球拍(或网球拍):按羽毛球的各种击球动作,做快速挥拍和用力挥拍。

(2) 持轻量的哑铃,连续、快速地做挥拍练习。

(3) 对墙连续挥拍击球。

(4) 对墙掷垒球。

(5) 拉橡皮条上、下摆。

（二）下肢力量

下肢力量训练是关键。羽毛球运动员的负担量主要是在下肢,而下肢运动的特点是前、后、左、右等方面的转换步法。因此,加强下肢力量训练,能够为快速移动步法打下良好的基础。

下肢力量训练主要是发展髋部(骨盆部)、腿部(大、小腿)、足部(踝关节)等部位的肌肉力量。

1. 常用的训练方法

(1) 徒手练习。① 静力半蹲,② 单腿蹲起,③ 蹲起,④ 单足跳,⑤ 纵跳,⑥ 屈体跳,⑦ 侧向跳,⑧ 挺身跳,⑨ 立定三级跳、多级跳、蛙跳,⑩ 跳起抱膝、跳起转身。

(2) 双人练习。① 驮人跑,② 小腿力量对抗,③ 拉手单足跳,④ 侧弓步交换跳,⑤ 挂肘跳,⑥ 跳人马。

(3) 沙袋球、实心球练习。① 俯卧双脚夹球后摆起,② 仰卧双脚夹球腿屈伸,③ 双脚夹球上抛,④ 双脚夹球前抛,⑤ 双脚夹球后抛,⑥ 双脚夹球侧抛,⑦ 双脚夹球向前蹲跳,⑧ 跳越沙袋球、实心球。

(4) 杠铃练习。① 肩负杠铃提踵,② 肩负杠铃蹲起,③ 肩负杠铃半蹲起,④ 肩负杠铃半蹲跳,⑤ 肩负杠铃弓箭步换腿跳,⑥ 肩负杠铃前、后、左、右跳,⑦ 肩负杠铃左右侧跨跳,⑧ 肩负杠铃弓箭步走,⑨ 肩负杠铃蹬上台阶。

2. 常用的下肢专项力量练习方法

(1) 弓箭步交叉跳:要求动作幅度大的,要向上蹬力强;动作幅度小的,要动作频率快。

(2) 前后左右并步跳:要求蹬地快,前且左右变向时要有随髋动作。

(3) 垫步半蹲向前、后跑:要求两腿配合协调,后跟提起,频率快。

(4) 并步半蹲,左、右移动跑:要求起动快。

(5) 弓箭步起蹬、回蹬:要求中等速度完成动作,节奏明显。

(6) 膝关节弯屈左右蹬地:要求后跟提起,中等速度完成。

(7) 全蹲前、后、左、右弓箭步跳:要求变换方向时,髋的动作要明显。

(8) 沙坑练习:上述练习方法可在沙坑中进行。

(9) 负重练习:上述练习方法可身穿沙衣,腿绑沙袋进行。

(三) 躯干肌肉群(腹、背肌)力量

羽毛球运动的转体步法,各种扣杀动作以及上网救球后回中心等多种动作,都需要强力的躯干肌肉力量。因此,对羽毛球运动员来说,不能忽视提高躯干(腹、背肌)肌肉群的力量。

躯干肌肉群(腹、背肌)力量的一般训练方法和专项训练方法基本相同,常用方法有以下几种。

(1) 徒手练习。① 仰卧起坐,② 仰卧举腿,③ 仰卧两头起,④ 仰卧蹬伸,⑤ 俯卧体后屈,⑥ 仰卧起坐转体。

(2) 肋木练习。① 背悬垂直腿上举,② 背悬垂屈腿上举,③ 背悬垂侧举腿,④ 背悬垂腿绕环。

(3) 沙背心、沙护腿练习。① 背屈伸转体,② 侧屈体,③ 马头仰卧举腿,④ 斜板仰卧起坐,⑤ 仰卧举腿,⑥ 仰卧两头起。

(4) 静力腹肌和背肌练习。

(5) 凳上徒手或负重俯卧体后屈练习。

(6) 徒手或负重转体练习。

(7) 多球练习杀球。

(8) 徒手练习挥臂,结合转体,前屈动作明显。

二、速度素质训练

羽毛球运动的速度主要指动作完成速度、反应速度、场上移动速度等。强调速度是为了在比赛中争取主动,使进攻与防守、前场与后场、拍与拍之间体现出一个快字，使之连贯、衔接、紧凑，以防止脱节、松散。因此，必须重视速度素质的训练。

速度素质是指肌体（或肌体的某部位）快速运动的能力。它包括三个方面：快速通过某一距离的能力；对各种刺激快速反应的能力；快速完成动作的能力。速度素质是运动员基本素质之一，在身体训练中占有重要的地位。

（一）一般速度训练

一般速度训练常用方法有以下几种：

（1）原地或行进间快速小步跑；

（2）原地或行进间快速后蹬跑；

（3）原地或行进间快速高抬腿跑；

（4）快速跨步跑；

（5）上坡或下坡跑；

（6）快速跑台阶；

（7）加速跑；

（8）快速后踢腿跑；

（9）快速摆臂（站立或坐姿）；

（10）快速拉橡皮条；

（11）30 至 100 米全速跑。

（二）专项速度训练

专项速度训练是指运动员在单位时间内完成移动的速度和挥拍击球的速度。常用的方法如下：

（1）快速徒手和持拍挥拍练习；

（2）快速对墙击球练习；

（3）快速挥网球拍练习；

（4）快速挥轻量哑铃练习；

（5）快速多球的各种击球练习；

（6）快速拉橡皮条练习；

(7) 利用羽毛球场地进行快速前后往返跑,快速滑步跑,快速侧身交叉跑,快速组合步法移动等。

三、速度耐力素质训练

羽毛球运动员的速度耐力是指在长时间比赛中,始终保持速度素质充分发挥的一种能力。比赛开始,运动员多数都能较正常地发挥自己的速度,但往往在比赛最后阶段,速度明显减慢,从而造成比赛失利。因此,羽毛球运动员速度素质固然重要,而速度耐力则起着取得一场比赛胜负的决定性作用。

速度耐力训练是指运动员在提高速度的基础上,提高和改善放松跑能力训练。它能使运动员提高中枢神经系统和运动器官的机能活动性以及神经系统对缺氧和酸性代谢产物积累的适应能力。

(一) 一般速度耐力训练

常用的方法:200 米至 1500 米的全速跑,3000 米的变速跑等。

(二) 专项速度耐力训练

常用的方法:一定时间的追逐游戏;一定时间内完成快速的多球练习;一定时间内完成场上各种快速步法练习。练习的时间可根据实际情况决定。

四、耐力训练

耐力素质也称为"支持力",耐力是指人体长时间进行活动和对抗疲劳的能力。耐力素质的训练应注意年龄与性别特征等因素,对儿童少年耐力的训练更要注意他们的解剖生理学特点。

耐力素质对羽毛球运动员来说,是体能和意志的表现。在一场实力相当的羽毛球比赛中,往往体能水平高的运动员是胜利者。

（一）一般耐力训练

常用的方法：长距离跑（3000 至 8000 米）、越野跑、10 至 20 分钟定时跑、反复变向跑、反复变速跑等。

（二）专项耐力训练

专项耐力是指符合专项特殊需要的耐力（在长时间内进行专项活动的能力）。常用训练方法：长时间的跳绳练习；长时间的各种步法练习；长时间的多球练习。

五、灵敏素质训练

灵敏素质是指运动员在各种突然变换的条件下，能够迅速准确地协调改变身体运动的能力，是运动员的运动技能和各项素质在运动过程中的综合表现。羽毛球运动对运动员的灵敏性要求很高，在训练中灵敏素质应占一定的比例。

灵敏训练（反应、判断等）主要提高大脑皮质神经过程的灵活性与兴奋性。只有大脑皮质的灵活性和兴奋性高，才能使运动器官对外界的刺激作出迅速的反应，去迅速完成各种动作。

常用的训练方法：模仿足球守门员的各种蹬、跳、跃动作；技巧、体操的各种翻滚、跳跃动作；通过信号做各种击球移动的练习；通过手势做各种前、后、左、右步法移动的练习；通过障碍进行各种移动、转身的练习；各种灵敏性游戏；多球练习等。

灵敏素质只有在动作技能掌握熟练后，才能表现出来。动作技能的动力定型建立的数量越多，灵敏素质也就越好。因此，由于灵敏素质的综合性，训练内容也应是由若干种素质相结合的练习。特别注意训练的时间不宜过长，重复的次数不宜过多，练习之间应有足够的休息时间。练习与休息的时间比例一般控制在 1∶3 左右。灵敏素质发展的最佳年龄是 7～13 岁。

六、柔韧素质

在进行灵敏素质训练的过程中要注意结合柔韧素质和协调性的练习。因为羽毛球运动是上下肢同时运动的一个项目，完成各种击球动作需要全身的协调配合，配合好坏将直接影响击球动作质量。

柔韧素质是指人体关节肌肉、肌腱、韧带等软组织的伸展能力。羽毛球运动员协调能力性的培养，除了自身条件外，可安排各种器械、体操及各种增长肌肉特别增长韧带的伸张练习，重点放在肩关节、膝关节、髋关节及腰腹部。

常用的训练方法：肩绕环，反拉肩，侧拉肩，跑姿压肩，双手互握振臂，体前屈，体后屈，弓步压腿，侧压腿，腰绕环，腰部屈伸，行进间正、侧、后踢腿，前踢腿跨下击掌，纵劈腿，各种花样跳绳，游泳活动等。

柔韧素质训练的基本要求：

（1）掌握柔韧素质发展的最佳时机，以完成羽毛球各项技术要求为限，不必达到最大程度；

（2）处理好柔韧素质与力量素质的关系，强调肌肉的弹性，保持肌肉的收缩力量；

（3）贯彻循序渐进的原则，协调好拉伸力量的强度、重复次数、练习时间等有关因素的关系，不可用力过猛；

（4）运用主动柔韧性训练与被动柔韧性训练的指标差进行检测；

（5）柔韧训练要坚持不懈，经常进行；

（6）注意柔韧性与温度、时间以及疲劳的关系。

羽毛球运动员要打出高水平，必须具备良好的身体素质和体力，而良好的身体素质和体力，必须经过系统的全面的身体训练和专项身体训练才能取得。

第三节 羽毛球训练方法示例

在羽毛球比赛中我们经常可以看到,运动员为了争夺一分或发球权,反复运用各种技术,也可能是多个技术被不同地组合起来变化着使用。正因为没有固定的程序和模式,所以比赛精彩纷呈。

为了使羽毛球爱好者能更好地掌握基本技术,并逐步提高技术在比赛中的运用能力,可以设计出模拟比赛实际情况的各种练习。这些练习有单个技术的重复练习过渡到两三种技术的组合练习;固定球路、半固定球路、不固定球路的练习;一对一、二对一、一对二、三对一等练习;一点、两点、三点、四点、多点的练习;一个球、一组球、更多球练习等。

一、羽毛球基本技术练习示例

(1) 单个技术的徒手练习(上手、下手、侧面技术和步法等)。

(2) 各种球性练习。

(3) 连续发高远球、网前球、平球、平高球练习(对墙或场地内)。

(4) 连续对墙击球练习。

(5) 一人发球,另一人击高远球练习(直线、斜线)。

(6) 一人发球,另一人击平高球练习(直线、斜线)。

(7) 一人发球,另一人击平球练习(直线、斜线)。

(8) 一人发球,另一人吊球练习(直线、斜线)。

(9) 一人发球或抛球,另一人击网前球练习(放、搓、勾、扑、推等)。

(10) 一人发球,另一人正手杀球练习。

例：练习时，杀球的力量要控制好（力量不能过猛），注意动作的要点，准确性提高后，逐渐加力。接杀方可进行挡球和挑后场球，挡球时注意拍面的控制，要追求质量，同时手臂不要过于紧张。挑后场球时，击球点要尽量靠前一些，挑球时挥拍幅度不宜过大。击球点在左前就要用反手握拍，拍头斜向下，由左到右，围绕身体的前侧挥拍，击球点应该在身体前，二人可交替进行。

（11）对打正手直线高远球、平高球、平球、网前球等练习。两人一组，沿边线或一半场地内反复打高远球，目标为后发球线。

（12）对打反手网前球练习。两人一组，各自站在前发球线后进行练习。

（13）对打对角线高远球练习。两人一组，反复打对角高远球，目标为后发球线。

（14）连续发球、搓球、推球、扑球、放球、挑网前球、勾对球、抽球、吊球、挑高球、挡球、杀球、接杀球练习。

（15）各单个步法练习：上网步法——跨步、垫步、蹬步；退后场步法——正手退后场步法、反手退后场击球步法；中场左右移动步法——正手移动步法、反手移动步法。

（16）直线斜线劈吊球练习。两人一挑一劈吊，挑球一方尽量将球到位，目标后场边角尽量高些，劈吊方的练习开始要追求质量，熟练后逐步加速。二人交替进行。

二、组合技术练习示例（两至三人一组）

三人一组的两控一练习（简单两打一），目的是提高个人全场跑动和基本控球能力。

（1）两人方：一人站在网前，只挡网前球，不得扣杀球。为保证对面练习者跑动时的连续性，不要求回球质量过高。另一个人在后场（最好这个人水平略高一些），打各种球给对方，尽量多打变线球。

(2) 一人方：模仿实战，尽量做到回球到位，追求落点。

对于相对差一些的爱好者，可只打半场直线的跑动练习，就是一个网前球，一个后场球。练习者进行前后跑动的步法练习。

要点：处理后场高远球时，一定要利用蹬转体（或跳转体）挥拍击球，无论网前还是后场，处理完球后回动要快，注意跑动中的急停起动和急停蹬转的合理运用，体会变速加速，脚下要弹踏起来。三人轮流交替进行，每人 5 分钟。

三、多球练习示例

网前抢点练习。例：两人一组。一人站在发球线上，手抛网前球，另一人隔网站在发球线附近，反复上网抢点进行压、推、挑、放的练习。压是指在抢到较高点时的网上扑杀；推是指抢到的高度已经无法下压时，推后场两点的平快球；挑是指高度已经无法推压的球，挑后场或搓放网的球；放是指搓放网。

抛球一方：球的高度不宜过高，要配合接球方的节奏，当对方回到发球线时再喂球。

接球一方：准备姿势为右腿在前（左手持拍者相反）。选择的上网路线应该在全场的中场防守点和练习时的击球点之间，注意不要偏离。上网时要利用垫步蹬跨的步法，起动的同时球拍向网上击球点处快速伸出，出手击球动作不要过大，多体会利用手腕和手指的发力，要追求落点和质量。最后一步落地时前脚掌外翻，处理完球马上右脚保持在前后退还原，保持上网和还原时的连贯性，要有节奏感。注意安全，不要打伤抛球方。每组 30 ~ 50 个球，两人交替进行。

(1) 一杀球一击（挑、挡、抽）、一发一杀球练习。

(2) 正手或反手一挑一吊、一吊一搓、一吊一扑、一吊一挑一扑球练习。

(3) 从一点挑球吊至两个落点练习。两人一组,一人用正、反手挑球至后场,另一人连续用正手吊球至网前的左右,控制好落点。

(4) 正手高吊上网推球、勾对角、扑球等练习。

(5) 正手固定球路高吊上网控球练习。

(6) 正反手固定球路高杀上网练习。

(7) 正手吊对角线球并上网搓球练习。

(8) 正手吊对角线球并上网勾对角线球练习。

(9) 正手吊对角线球并上网推对角线球练习。

(10) 正手吊直线球并上网搓球练习。

(11) 正手吊直线球并上网勾对角线球练习。

(12) 正手吊直线球并上网推球练习。

(13) 从一点挑球杀两个落点练习。

四、不固定球路线的练习示例

(1) 高吊对高吊的练习。

(2) 高杀对高吊的练习。

(3) 高杀对高杀的练习。

(4) 吊杀对吊杀的练习。

(5) 吊杀对高吊的练习。

五、步法练习示例

羽毛球步法是由起动、移动、制动和回动四个环节所构成。起动是由相对静止的站位状态向来球方向移动的发力过程,它来自判断和反应。移动一般是指由中心位置到击球位置的位移过程。制动则是到位后克制移动的惯性,保持身体重心的平稳,以便协助完成击球动作。回动是在完成击球后要尽快回到中心位置，做好迎击下一来球的准备。步法练习要求：起动、移动、制动、回动快；调整及攻防转换好；前、后、左、右场连贯；快速移动合理。

（1）徒手步法练习。

（2）上网步法练习。

（3）两侧移动步法练习。

（4）后退步法练习。

（5）组合步法练习。

（6）实战步法练习等。

第五章 羽毛球竞赛的组织、编排与制度

羽毛球竞赛的组织、编排是比赛工作的重要组成部分。组织、编排的主要任务是根据举办羽毛球比赛的宗旨,按照比赛规定,将整个比赛科学、合理地编成一个总的比赛秩序,使比赛能够有计划地按最合理的秩序顺利地进行。羽毛球运动竞赛的制度则确定了比赛开展的形式。

第一节 羽毛球比赛的组织工作

一、组织竞赛的形式

目前国内外正规和重大的羽毛球比赛的种类很多,如:汤姆斯杯(世界男子团体赛)、尤伯杯(世界女子团体赛)、苏迪曼杯(世界混合团体赛)、世界羽毛球锦标赛(单项比赛)、世界羽毛球系列大奖赛以及各国举办的各种各样的羽毛球杯赛。我们在组织羽毛球比赛时可以作为参考,但必须针对比赛的实际情况,根据客观条件来选择比赛形式。例如:举办定期和不定期的团体赛,每队参加人数 3 ~6 人(可多于 6 人),单打和双打的场次安排可灵活规定;也可以利用双休日、节假日的时间,组织各种类型的单项比赛(男、

女单打、双打、混合双打)。小型比赛赛程短,组织简单,比较适合群众体育活动。为了增进友谊,交流球技,学校、机关、厂矿、企事业单位、外资企业等,甚至部门之间都可以组织邀请赛、协作区赛、对抗赛等。总之,选择合适的羽毛球比赛形式,是成功组织羽毛球比赛活动的前提。

二、组织竞赛的方法

根据羽毛球竞赛的特点,大多采用淘汰制、循环制和混合制的竞赛方法进行比赛。

在选用竞赛方法时首先应该考虑到场地、时间、参赛人数。一般来说,人数较多而场地少,可采用淘汰制。如参赛人数不多,可采用循环制。作为普及的羽毛球比赛,最好的方法是混合制。它集淘汰制和循环制的长处,能比较客观地反映出运动员的真实水平。

三、组织工作的内容和程序

1. 场地、器材的选择

举办羽毛球竞赛是有条件的,最好选择在标准的比赛场馆内进行。选择非标准比赛场馆时应注意:地面要平整、避风,场地四周及上空尽量避开障碍物。场地方向的设置要考虑光线的影响,场地线要清晰。比赛用球应选择使用同一牌号规格的球(根据实际需要使用室内、室外球)。还应根据比赛规模准备一些裁判用具。

2. 组织工作的内容和程序

羽毛球竞赛工作一般有赛前、赛间、赛后三个阶段。赛前阶段工作内容主要有:拟定比赛规程,组织比赛的权力机构,报名,抽签,编排比赛秩序,印发秩序册(表),组织运动员赛前熟悉规则,培训裁判员等准备工作。赛间阶段工作内容主要有:检录,公布成绩，掌握比赛进程，解答有关比赛问题等工作。赛后阶段工作主要有：宣布比赛名次，编印成绩册，总结和资料归档等工作。

竞赛组织工作的程序主要有：

(1) 制订比赛规程。比赛规程是根据比赛目的、任务、时间、经费及场地条件等因素，对比赛具体问题作出的原则性规定。

比赛规程的内容一般包括：比赛名称、时间、地点、项目、参加单位和人数、年龄规定、报名办法和时间、比赛办法、录取名次和计分方法、裁判员以及其他有关的特殊规定等。

(2) 组织比赛机构。比赛的最高权力机构一般以组织委员会名义出现，具体的工作机构可视比赛规模等情况来设置，一般有竞赛组（包括裁判组、编排记录组、场地器材组）、后勤组、宣传组及其他需要设立的工作组。小型羽毛球竞赛可根据需要设立上诉机构。

(3) 报名。报名单是比赛编排工作的重要依据，因此在收到报名单后，必须按比赛规则的要求逐项审核，发现问题及时处理。

(4) 抽签。

(5) 编排秩序册（表）。

(6) 编印秩序册（表）。

(7) 检录和公布成绩。

(8) 编印成绩册（表）。

第二节　编排与成绩计算方法

一、编　排

在准备组织羽毛球竞赛前，应当安排专人负责筹备工作，一般的羽毛球比赛应提前下发一份比赛规程，并根据报名参赛的队数和人数,计算出比赛的轮数和场数,合理地利用场地、安排好比赛日程。

羽毛球比赛的编排尽量做到简单明了。一般以抽签来确定比赛中的号码位置,然后根据比赛方法,编出比赛秩序表。编排时应注意将本单位的队员和强手合理分开。当比赛队数和人数不足,秩序表不完整时,可设置轮空位置。但轮空位置分布要合理。羽毛球比赛要根据实际情况来确定是否需要设立“种子”队或“种子”选手。以上工作就绪即可印制秩序册或绘制比赛轮次、场数表,以便运动员明确自己的比赛时间和场次。

1. 抽签的基本方法

排定运动员(队)在比赛中所处的号码位置,应采用抽签的办法。一般羽毛球比赛的抽签,通常由主办单位代抽。抽签工作的基本内容有下面几项。

(1) 拟定抽签方案。

一般根据比赛规程规定的比赛办法和报名队(人)数的具体情况制定抽签方案。内容有抽签的顺序、“种子”的确立以及其他具体抽签办法。抽签顺序通常先抽男、女团体,后抽单项比赛;各单位的抽签顺序则可按照比赛规程中的排列顺序、报名时间的先后、“种子”队(人)的多少、参加队(人)数多少或者单位名称笔画的多少等方法来进行排列。

(2) 提出和确定比赛项目“种子”人数、名单和顺序。

为了避免比赛中强队或强手过早相遇,可将他们列为“种子”。抽签时,先把“种子”合理分开,使他们最后相遇。这样的比赛结果比较合理。

① 确定“种子”的原则:确定“种子”,主要根据技术与战术水平的高低。评判水平的客观依据是运动员在以前的比赛中所取得的成绩。比较成绩的认定一般是等级低的服从高的,比赛日期远的服从近的,比赛名次后的服从前的。

如果符合“种子”条件的人数少于预定的“种子”数,可采用“缺额照顾”的方法,将多余的“种子”数分给其他没有“种子”的队。

② “种子”的数目: 分组循环赛一般按照分组的数目设立“种子”,在单淘汰赛中,如有32或32以上的人数参加比赛,应有8个“种子”;如有16或16以上的人数参加比赛,应有4个“种子”;少于16个人数的应有4个“种子”。

③ “种子”位置: 分组循环赛的“种子”应平均分布在各个组内,单淘汰赛的“种子”应均匀地分布在各个区内。

(3) 抽签用具。

① 签卡: 抽签时用的签卡有名签和号签两种。名签包括单位、人名签。号签有区号签、组号签、位置号签等。

② 抽签结果记录表: 一般采用单循环赛分组表(表5-1)或单淘汰赛的位置号码表(表5-2)。在抽签过程中,应及时地将抽签结果填写在表上的相应位置上,或将名签贴在表格上。

③ 平衡表(表5-3): 为了使各单位的运动员能合理分开、最后相遇,抽签时常用平衡表的方式进行必要的平衡控制。

表5-1 单循环赛分组表

	1	2	3	4	5	6
第一组						
第二组						
第三组						
第四组						

表 5-2 单淘汰赛的位置号码表

位置号	单位、运动员	位置号	单位、运动员	位置号	单位、运动员
1		6		11	
2		7		12	
3		8		13	
4		9		14	
5		10		15	

表 5-3 羽毛球抽签平衡表

抽签顺序			1	2	3	4	5	6	7	8	1/4 区			1/2 区		
1/2区	1/4区	位置号码＼队名人数									位置数	已定数	机动数	位置数	已定数	机动数
上半区	1															
	2															
下半区	3															
	4															

（4）抽签工作人员。

一般由主抽员、副抽员（号签员）、平衡员、记录员、公布员等组成。上述各抽签工作人员的具体人数可根据比赛规模的大小而定。

(5) 具体抽签方法示例。

例一：分组单循环抽签方法。

① 参加队数：12 个。② 比赛办法：第一阶段分成三个小组进行单循环赛，第二阶段进行同名次的单循环赛。③ 确定三个“种子”队。

抽签步骤如下：先抽“种子”队，将第一、二、三号种子分别抽入一、二、三组；再抽非“种子”队，将 9 个非种子队一次抽入一、二、三组。

例二：单循环赛抽签方法。

① 报名总人数：28 人，其中广东队 4 人，上海队 4 人，福建队 6 人，浙江队 3 人，湖南队 5 人，辽宁队 2 人，湖北队 4 人。

② “种子”人数：4 人，第一号种子广东队 1 号，第二号种子福建队 1 号，第三号种子湖南队 1 号，第四号种子湖北队 1 号。

抽签步骤如下：

A. 填好平衡表：在平衡表上填入各队参加比赛的人数。经计算，各队机动数之和等于 6，大于差数 4。

因此，四个轮空位置的安放可采用“两关分布法”。在平衡表的各 1/4 位置号码一栏内按 1/8 区定上该区位置号码的范围(表 5-4)。

计算出各 1/4 区、上半区和下半区的位置数、已定数和机动数。

表 5-4　羽毛球单淘汰赛抽签平衡表

抽签顺序			1	2	3	4	5	6	7	8	1/4 区			1/2 区		
1/2区	1/4区	位置号码 \ 队名	广东	福建	湖南	湖北	上海	浙江	辽宁		位置数	已定数	机动数	位置数	已定数	机动数
		人数	4	6	5	4	4	3	2							
上半区	1	1～2 3～6	1 ①	4 ②	2 ③	5 ③	6 ①	3 ①			5	5	×			
	2	7～10 11～14	8 ③	10 ⑥ 14 ④	7 ①	13 ②	11 ④	12 ③	9 ②		8	5	3 2 ×			
下半区	3	15～18 19～22	16 ②	18 ③ 21 ⑤	17 ⑤ 20 ④	22 ①	15 ②		19 ①		8	5	3 2 ×			
	4	23～26 27～28	27 ④	28 ①	23 ②	25 ④	26 ③	24 ②			6	5	× ×			

B. 抽“种子”运动员进位。

先抽第 1、第 2 号种子分别进入第 1、第 28 号位置（广东队 1 号抽进 1 号位置，福建队 1 号抽进 28 号位置）。

后抽第 3、第 4 号种子分别进入第 7、第 22 号位置（湖南队 1 号抽进 7 号位置，湖北队 1 号抽进 22 号位置）。

若有第 5 ～ 8 号种子，则一次抽签分别进入第二、第四个 1/8 区的顶部和第五、第七个 1/8 区的底部。

C. 抽“非种子”运动员进区。

将各“非种子”运动员合理地分布，抽入各个区。在实施抽入时应一个队一个队地进行，例如：先抽广东队 2、3、4 号队员进区。因广东队 1 号已抽入第一（1/4）区，将广东队的 2 号队员抽入下半区的任何一个（1/4）区内（如抽入第三区），再将广东队的 3、4

号分别抽入没有广东队队员的第二、第四区(如广东队3号抽入第二区,4号抽入第四区)。再抽福建队、湖南队等,以此类推。

D. 抽"非种子"运动员进位。

第一区号码位置有1~6共6个。抽进5名非种子队员。5名队员一次抽签进位(如福建队2号进4号位,湖南队3号进2号位,湖北队3号进5号位,上海队1号进6号位,浙江队1号进3号位)。

第二区号码位置有7~14共8个。因本区内有福建队两名队员,将这两名队员按1/8区分别抽入号码位置(如6号进10号位,4号进14号位,再将抽入本区的另外5名非种子队员一次抽签进入剩下的号码位置(如广东队3号进8号位,湖北队2号进13号位;上海队4号进11号位,浙江队3号进12号位,辽宁队2号进9号位)。

第三区号码位置有15~22共8个。因本区内有两名福建队员和两名湖南队员,先将这4名队员按1/8区分别抽入位置(如福建队3号进18号位,福建队5号进21号位,湖南5号进17号位,湖南队4号进20号位),再将抽入本区的另外3名非种子队员一次抽签进入剩下的号码位置(如广东队2号进16号位,上海队2号进15号位,辽宁队1号进19号位)。

第四区号码位置有23~28共6个。抽进非种子队员5名,一次抽签进位(如广东队4号进27号位,湖南队2号进23号位,湖北队4号进25号位,上海队3号进26号位,浙江队2号进24号位)。

抽签注意事项:a."种子"队员分批直接抽签进位,先抽1、2号种子,后抽3、4号种子,再抽5~8号种子,一次抽签进位。b.抽"非种子"队员时,要先进区,后进位。c.在抽"种子"或"非种子"队员时,都要做到同单位运动员合理分开。有2名队员的要上、下半区分开,有3至4名队员的要1/4区分开,有5至8名队员的要

1/8 区分开。d. 各单位的“非种子”队员要分批抽签。先抽 1、2 号进入上、下半区的任何一个 1/4 区内，再抽 3、4 号进入没有 1、2 号队员的另外两个 1/4 区里，再将 5 ~ 8 号抽入没有 1 ~ 4 号的另外 4 个 1/8 区内。e. 在抽“非种子”队员进区时，先抽定位队员，再抽 1/4 区机动队员。

2. 比赛秩序的编排

当各项比赛的参加人（队）数确定后，就可进行比赛日期、时间和场次的编排工作。

（1）编排比赛秩序的基本原则。

① 对参加比赛的各队，不论水平高低，都应一视同仁，做到机会均等。

② 合理安排运动员的负担量，有利于运动员发挥水平，并能得到合理的休息。

（2）编排比赛秩序的基本方法和步骤。

① 列出各比赛项目的轮次和各轮次的比赛场数（表 5-5）。

表 5-5 各项目比赛的人数、轮次和场数统计表

项目 \ 人（对）数 \ 场数	轮次							总数
	一	二	三	四	五	六	七	
男团								
男单								
男双								
女团								
女单								
女双								
混双								
合计								

② 按整个比赛所提供的场数和比赛时间（天数、节数），统计

出比赛场地的最大容纳量。

③ 把整个比赛场数和场地的最大容纳量进行比较。如果比赛的总场数远远超出场地的最大容纳量,应考虑延长比赛的日期和增加比赛场次。

普及型的羽毛球比赛,队员每天比赛场次最好是一场。如参加的队(人)数多,场地又少,可考虑安排两场比赛。

④ 把各比赛项目的轮次平均分配到各比赛时间中去,同时考虑到各比赛场数的合理安排。

⑤ 把分到各节时间内的竞赛项目、比赛场次平均分配到各个球场,编好各球场的比赛秩序(表 5-6)。安排时要注意各队的比赛时间和场号的轮转,做到各队机会均等。对已排定的比赛秩序,一定要复核校对,以免漏场、重场和连场。

表 5-6　各球场比赛场次安排表

时间	场序 \ 项目 \ 场号	一	二	三	四	五	六	七	八	九	十
月日	1										
	2										
	3										
	4										
	5										
	6										

二、羽毛球比赛成绩计算方法

1. 羽毛球比赛常用的方法

羽毛球的比赛项目可分为团体和单项赛两大类。团体赛有男、女团体赛及混合团体赛 3 个项目;单项赛有男、女单打,男、女双打,混合双打 5 个项目。

羽毛球团体赛的常用方法：

(1) 三场制：每队2至4人参赛，两名单打，一对双打(单打队员可兼)，共进行三场比赛。比赛场序为：第一场单打，第二场双打，第三场单打。采用三场两胜制决定胜负，也可赛完三场后，以获胜场数多者为胜队。

(2) 五场制：每队4至9人参赛。三名单打，两对双打(可由单打队员兼)，共进行五场比赛。比赛场序为：第一场单打，第二场单打，第三场双打，第四场双打，第五场单打(或单、单、单、双、双；单、双、单、双、单)。采用五场三胜制，也可以赛完五场后以获胜场数多者为胜队。

2. 羽毛球比赛成绩计算方法

羽毛球比赛一般采用淘汰赛和单循环赛两种方法，也可以综合这种比赛方法的优点，采用阶段赛方法，即第一阶段分组循环赛，第二阶段淘汰赛。

单循环赛决定名次的方法：

(1) 按获胜场数决定名次，多者名次列前。

(2) 如两队(人)获胜场数相等，则两者间比赛的胜者名次列前。

(3) 如三队(人)或三队(人)以上获胜场数相等，则按在该组比赛净胜局数决定名次，多者列前。

(4) 计算净胜局数后，如还剩两队(人)净胜局数相等，则两者间比赛的胜者名次列前。

(5) 计算净胜局数后，还剩三队(人)或三队(人)以上净胜局数相等，则按在该组比赛的净胜分数决定名次。

(6) 净胜分数后，还剩两队(人)净胜分数相等，则按两者间比赛的胜者名次列前(表5-7)。

表 5-7　2002 年江苏高校羽毛球赛成绩表

成绩 单位 单位	一	二	三	四	五	积分	净胜场数	净胜局数	名次
一	☆	$\frac{3:1}{2}$	$\frac{3:0}{2}$	$\frac{3:0}{2}$	$\frac{3:0}{2}$	8			1
二	$\frac{1:3}{1}$	☆	$\frac{3:0}{2}$	$\frac{3:1}{2}$	$\frac{3:0}{2}$	7			2
三	$\frac{0:3}{1}$	$\frac{0:3}{1}$	☆	$\frac{2:3}{1}$	$\frac{3:2}{2}$	5	−6	−10	4
四	$\frac{0:3}{1}$	$\frac{1:3}{1}$	$\frac{3:2}{2}$	☆	$\frac{1:3}{1}$	5	−6	−12	5
五	$\frac{0:3}{1}$	$\frac{0:3}{1}$	$\frac{2:3}{1}$	$\frac{3:1}{2}$	☆	5	−5		3

(7) 有三队(人)或三队(人)以上净胜分数相等,则以抽签决定名次。

单淘汰赛决定名次的方法:

运动员(或队)按编排比赛秩序,由相邻的两名运动员(或队)进行比赛,败者淘汰,胜者进入下一轮比赛,直至淘汰成最后一名胜者(或队)——冠军,比赛即告结束。

第三节　几种羽毛球竞赛制度

一、单循环

参加比赛的运动员(或队)之间轮流比赛一次,为单循环赛。循环赛由于参加队(人)之间比赛的机会多,利于相互学习,共同提高,故能正确地赛出名次。但循环赛场数多,时间长,使用场地数量也多,因此循环赛的人(队)不宜过多。在人数(队)过多时,可采用分组循环赛的办法。采用分组循环赛时,一般以4至6人(队)分为一组比较适宜。

1. 循环赛轮数和场数的计算

(1) 轮数:各队(人)出场比赛一次,称为“一轮”。当人数(队)为偶(双)数时,轮数=人数(队)-1;人数(队)为奇数(单)时,轮数=人数(队)。

(2) 场数:每两个队(人)之间比赛一次,称为“一场”。

(3) 场数 $=\frac{人数(或队)\times[人数(或队)-1]}{2}$。

2. 单循环赛的比赛秩序

单循环赛的比赛秩序,一般采用“1号位固定逆时针轮转法”。此方法是1号位置固定不动,其他位置每轮按逆时针方向轮转一个位置,即可排出下一轮的比赛顺序。

例一:6人(或队)参加比赛的排法(表5-8)。

表5-8　6人(队)单循环赛排法表

第一轮	第二轮	第三轮	第四轮	第五轮
1—6	1—5	1—4	1—3	1—2
2—5	6—4	5—3	4—2	3—6
3—4	2—3	6—2	5—6	4—5

如果参加的人数(队)为单数时,用“0”补成双数,然后按逆时针轮转排出各轮比赛顺序。凡遇到“0”者为轮空。

例二:5个队进行单循环赛的排法(表5-9)。

表 5-9　5 人(队)单循环赛排法表

第一轮	第二轮	第三轮	第四轮	第五轮
1—0	1—5	1—4	1—3	1—2
2—5	0—4	5—3	4—2	3—0
3—4	2—3	0—2	5—0	4—5

3. 分组单循环赛与种子的分布

在参加人(队)数较多的情况下,为了不过多增加比赛的场数和延长比赛日期,又能排定各队的名次,常采用分组单循环赛的办法。组数确定后,可用抽签方法进行分组,也可采用“蛇形排列方法”进行分组,如以团体赛 16 个队分成四组为例,则按下表分组:

第一组　1,8,9,16

第二组　2,7,10,15

第三组　3,6,11,14

第四组　4,5,12,13

上表中数字是各队的顺序号,它是按照各队实力强弱排列的。也就是说数字越小,实力越强,数字号码相当于该队的名次。如全国羽毛球等级赛,就是按上一年等级赛名次蛇形排列分组的。

二、淘汰赛

参加比赛的运动员(队)按编排秩序成对地进行比赛,胜者进入下一轮比赛,负者被淘汰,称为淘汰赛。

淘汰赛由于比赛一轮淘汰 1/2 的运动员(队),可使比赛场数相对减少,所以在时间短、场地少的情况下,采用单淘汰赛能接受较多的运动员(队)参加比赛,并可使比赛逐步走向高潮,一轮比一轮紧张激烈。按体育竞赛的特点来说,淘汰赛是一种较好的比赛方法。但由于负一场就被淘汰,所以大部分运动员(特别是弱队)参加比赛的机会较少,所以产生的名次不尽合理。

1. 单淘汰赛轮数和场数的计算

(1) 轮数：单淘汰赛的轮数等于或大于最接近运动员人(队)数的 2 的乘方的指数，是 2 的几次方即为几轮。

(2) 场数：场数 = 人(队) − 1。

2. 单淘汰赛轮空位置的分布

当参加比赛人(队)数为 4，8，16，32，64 或较大的 2 的乘方数时，他们应按比赛顺序成双相遇地进行比赛(图 5-1、5-2)。

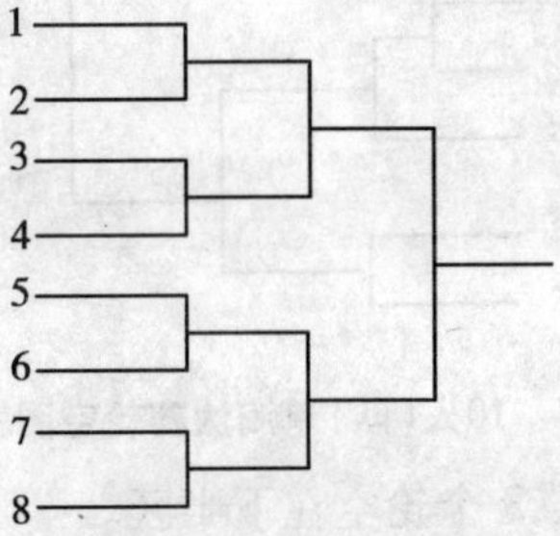

图 5-1　8 人(队)单淘汰轮空图

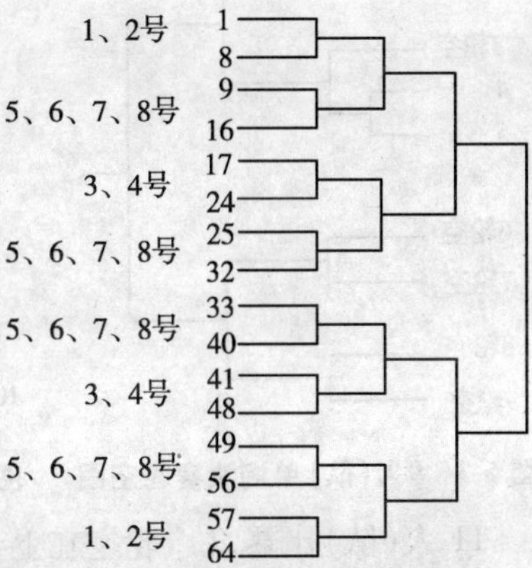

图 5-2　64 人(队)单淘汰赛轮空位置图

当参赛单位(人数或对数)不是 2 的乘方数时，第一轮应有轮空。轮空数等于下一个较大的 2 的乘方数减去比赛单位数(人数或对数)的差数。轮空数为双数时应平均分布在比赛表的顶部和底部，上半区轮空位置顺序从上往下排，下半区轮空位置顺序从下往上排；如轮空位置为单数，则下半区应比上半区多一个轮空。

例：9 个单位参加比赛，轮空数为 16 − 9 = 7，3 个轮空在上半区，4 个轮空在下半区。这样，第一轮只有一场比赛(图 5-3)。

5 人(队)比赛，1 个轮空在上半区，2 个轮空在下半区。

6 人(队)比赛，1 个轮空在上半区，1 个轮空在下半区。

7 人(队)比赛,1 个轮空在下半区。

8 人(队)比赛,没有轮空。

9 人(队)比赛,3 个轮空在上半区,4 个轮空在下半区。

10 人(队)比赛,3 个轮空在上半区,3 个轮空在下半区(图 5-4)。

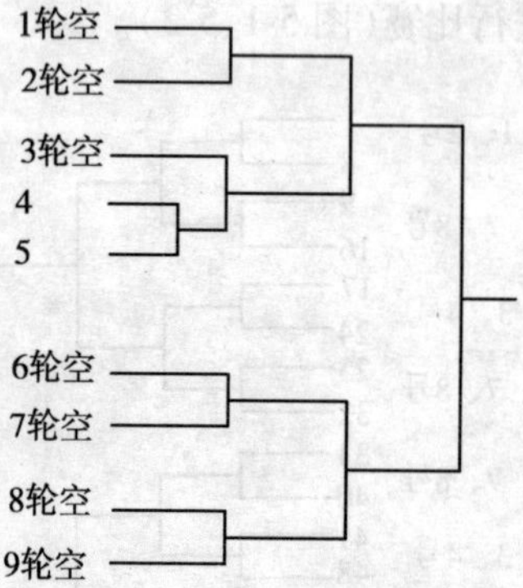

图 5-3 9人(队)单淘汰赛轮空图

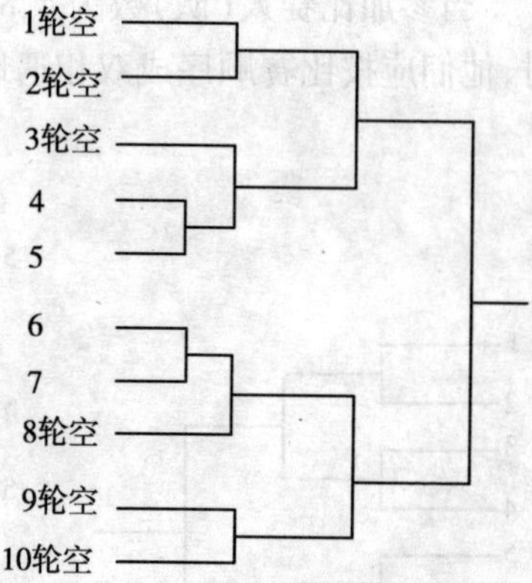

图 5-4 10人(队)单淘汰赛轮空图

11 人(队)比赛,2 个轮空在上半区,3 个轮空在下半区。

12 人(队)比赛,2 个轮空在上半区,2 个轮空在下半区。

13 人(队)比赛,1 个轮空在上半区,2 个轮空在下半区。

14 人(队)比赛,1 个轮空在上半区,1 个轮空在下半区。

15 人(队)比赛,1 个轮空在下半区。

更多的人(队)数以此类推。

64 人(队)比赛,如轮空位置集中排在表的顶部和底部的作图方法达不到同单位的运动员合理分开的目的时,应把轮空位置分配到各个不同的 1/8 区(线条框内的数字表示轮空的顺序)(图 5-5)。

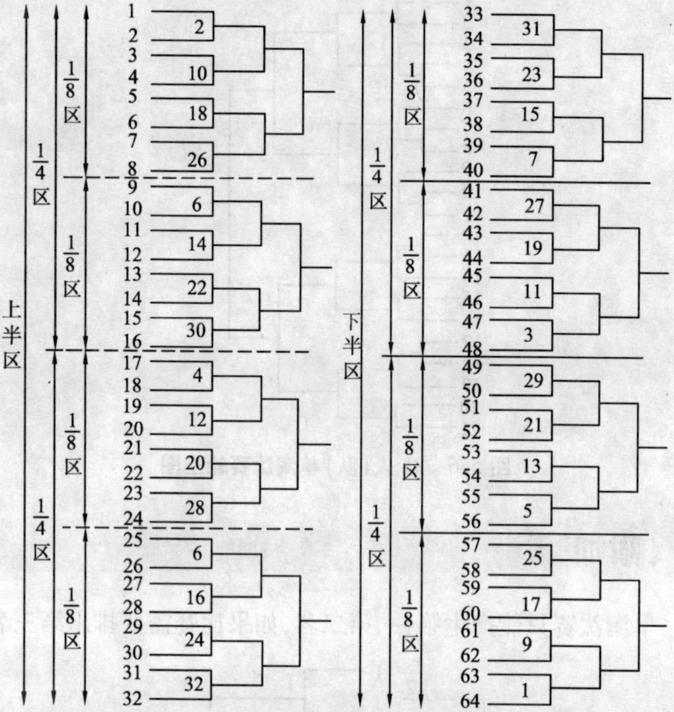

图 5-5　64 人(队)单淘汰赛轮空图

如有 21 人(队)参加比赛,11 个轮空位置如图 5-6 所示:

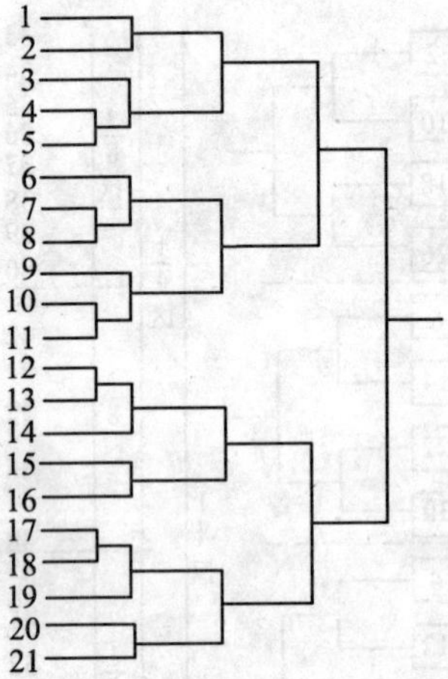

图 5-6　21 人(队)单淘汰赛轮空图

三、附加赛

单淘汰赛只能产生第一、第二名,如果比赛需要排出第三名以

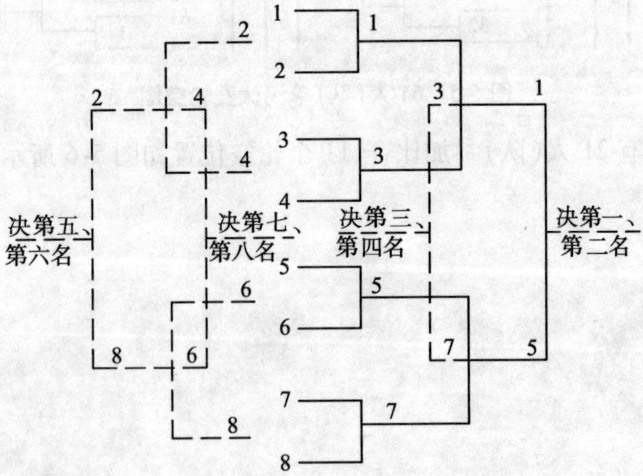

图 5-7　附加赛比赛编排顺序图

后的名次,则需要另外再增加几场比赛。增加的比赛称为附加赛。如决出第三、第四名的比赛以及决出第五至第八名的比赛等。附加赛的比赛秩序如下:

半决赛的负者(对或队)再决出第三、第四名。

在第五至第八名中,按位置相近的两名选手(对或队)经过两轮比赛决出第五、第六名和第七、第八名(图5-7)。

四、混合赛制

羽毛球分阶段比赛时,各阶段经常采用不同的竞赛制度,如第一阶段采用循环赛,第二阶段采用单淘汰赛或佩奇制。这就是所谓的混合制。它集不同赛制之长,使比赛结果既能比较客观地反映运动员的真实水平,又能在短时间内完成比赛任务。由于各阶段采用的竞赛办法不同,给抽签等竞赛组织工作带来一些麻烦,要特别注意通盘考虑,前后兼顾。

五、佩奇制

佩奇制是又一种在两阶段比赛的第二阶段用以取代淘汰赛的方法。比赛的第一轮由两个小组的第一名对第一名、第二名对第二名先比赛,然后小组第一名的胜者直接进入决赛;而小组第一名的负者再与小组第二名的胜者进行比赛,这场比赛的胜者取得另一个决赛权,负者为第三名;第一轮比赛中,两个小组第二名比赛的负者只能得第四名。这一比赛法是鼓励运动员从第一阶段小组比赛开始就要全力以赴争取胜利,在第二阶段比赛时小组第一名只要连胜两轮就可以获得冠军,而小组的第二名却要胜三轮比赛才能取得冠军,第一轮小组第一名的负者也还有机会再进入决赛,但也要打三轮,所以小组第一名的胜者是最有利的。在1998年的全国羽毛球锦标赛团体赛就曾首次使用佩奇制,取得较好效果。

以下为佩奇制的比赛秩序(图 5-8)。

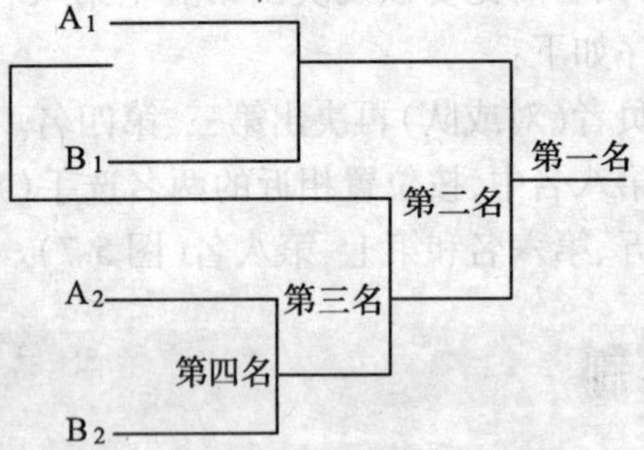

图 5-8　佩奇制比赛编排顺序图

六、预选赛

预选赛又称资格赛,一般有两种情况。

1. 不同时间或地点的两阶段比赛

如我国全运会、城市运动会羽毛球比赛、汤姆斯杯、尤伯杯的比赛,都是先进行第一阶段预赛,然后隔一段时间再进行决赛阶段的比赛。

2. 同一时间或地点的预赛和正赛

当一次比赛中某个比赛项目报名参赛的人(或对)数超过比赛原计划时,采用先进行预赛的方法,使正式比赛保持原定的规模。哪些运动员可以直接进入正赛,哪些运动员须先打预赛,应由竞赛的主办单位或组委会决定。国际羽毛球大奖赛则是根据运动员积分排名顺序决定直接进入正赛的资格。

3. 单淘汰赛正赛中的预赛位置数

在单淘汰赛中,正赛的每 8 个位置中只能设有 1 个预赛的位置。在抽签时,预赛进入正赛的位置是随机抽签进位的,而没有平均分布的规定。

七、运动员的比赛积分排名

国际羽联目前使用的羽毛球运动员积分排名系统（中国羽协从 1999 年开始运作“中国羽毛球协会排名系统”），是根据一名（或对）运动员在近 52 周内参加所有国际羽联批准的比赛次数和成绩进行有序排列的。

1. 目的与作用

羽毛球运动员积分排名对以下几个方面能产生积极的作用。

（1）既重视近期的比赛成绩，又综合运动员在一段时间内多次比赛中的表现，从而能比较真实地评价一名（或对）运动员的技术水平。

（2）鼓励和提倡运动员多参加比赛，同时也对参赛的质量提出了更高的要求。

（3）有利于激励一般选手向高水平选手发起冲击，促使新秀不断涌现，使比赛更具观赏性。

（4）为大赛的运动员资格和种子选手的确定提供比较客观的依据。

2. 计算方法

目前，羽毛球运动员比赛积分排名系统通常由以下几个方面的内容组成。

基础分：所谓基础分是指一名（或对）运动员在参加国际羽联（或中国羽协）批准的比赛中与其所得名次相应的分数。在比赛中，运动员第一轮轮空，随即第二轮被淘汰，他们将获第一轮负者的分数；如果是第一轮对方弃权，第二轮被淘汰，就应获第二轮负者的分数。表 5-10、5-11 和 5-12 是国际羽联和中国羽协批准的比赛的相应分数。表的星号为国际羽联的比赛等级，表的英文字母为其他等级的比赛。例如：世界锦标赛和奥运会比赛为 7 星级比赛，世界大奖赛为 6 星级比赛。

表 5-10　单项比赛分值表

	7★	6★	5★	4★	3★	2★	1★	A	B	C
冠军	600	540	480	420	360	300	240	180	120	60
亚军	510	459	408	357	306	255	204	153	102	51
3/4	420	378	336	294	252	210	168	126	84	42
5/8	330	297	264	231	198	165	132	99	66	33
9/16	240	216	192	168	144	120	96	72	48	24
17/32	150	135	120	105	90	75	60	45	30	15
33/64	60	54	48	42	36	30	24	18	12	6
65/128	30	27	24	21	18	15	12	9	6	3
129/256	12	10.8	9.6	8.4	7.2	6	4.8	3.6	2.4	1.2
257/512	6	5.4	4.8	4.2	3.6	3	2.4	1.8	1.2	0.6
513/1024	3	2.7	2.4	2.1	1.8	1.5	1.2	0.9	0.6	0.3

表 5-11　团体比赛分值表

	7★		6★		5★		4★		3★		2★		1★		A	
第一单(双)打	225	90	180	72	150	60	120	48	90	36	60	24	30	12	20	8
第二单(双)打	180	72	150	60	120	48	90	36	60	24	30	12	20	8	10	4
第三单(双)打	150	60	120	48	90	36	60	24	30	12	20	8	10	4	5	2

表 5-12　苏迪曼杯比赛分值表

组　别	胜　队	负　队
1(A 和 B)	225	90
2	165	66
3	105	42
4	67	27
5	38	15
6 和以下各组	19	8

奖励分：奖励分是指在比赛中，如果一名（或对）运动员击败当时排名高于他的对手，则根据他所击败的对手当时排名的位置给其相应的奖励分值（表 5-13）。此举的目的在于激励一般选手向高水平选手发起冲击，促使新秀不断涌现，使比赛更具观赏性。

表 5-13　奖励分值表

击败运动员的所在位置	奖励分
1	50
1 ~ 5	45
6 ~ 10	36
11 ~ 20	24
21 ~ 30	18
31 ~ 50	12
51 ~ 75	6
76 ~ 100	3
101 ~ 150	2
151 ~ 200	1

时间递减系数：时间递减系数是指一名（或对）运动员在 52 周内参加比赛所得分数（包括奖励分），依其比赛时间距离计算排名时的间隔时间进行的时间递减运算。其作用主要在于对运动员一年内的参赛成绩进行排名时，更加突出近期比赛的成绩。具体计算方法如下：

距离计算排名当时时间在 39 周以前的比赛为 55%；

距离计算排名当时时间在 26 周以前的比赛为 75%；

距离计算排名当时时间在 13 周以前的比赛为 90%；

距离计算排名当时时间在 13 周以内的比赛为 100%。

3. 参赛次数计算

参赛次数计算是指：在最近的52周内，一名（或对）运动员实际参加比赛的次数如≤8次（"中国羽协排名系统"则拟定4次作为参赛基数），则以8次作为其参赛计算次数；参赛次数9～12次，则以其实际参赛次数作为他的参赛计算次数；参赛次数为13次以上，则取其中最好的12次作总得分数。羽毛球运动员比赛积分排名的主要作用在于，它既鼓励和提倡运动员多参加比赛，又对参赛的质量提出了更高的要求。只有那些参赛次数既多、成绩又好的选手排名才能列前。

积分计算公式：$积分 = \frac{得分}{参赛计算次数}$

上式"得分" = 每次比赛所获总分（基础分 + 奖励分）× 时间递减系数之积。

例如：运动员李××在计算排名时在52周内的比赛成绩如下（表5-14）。

表5-14 李××52周内的比赛成绩

参赛次数	比赛日期	星 级	名 次	基础分	奖励分	总分
1	39周以前	7	1	600	50	357.5
2	26周以前	6	2	459		344.25
3	13周以前	5	1	480	45	472.5
4	13周以内	6	2	510		510

第四节　比赛日程安排

（1）羽毛球比赛运动量较大，在条件许可时，每天的比赛最好安排两节，即在上午和晚上进行。

(2) 若比赛既有团体赛,又有单项赛,则团体赛应在单项比赛开始之前结束。

(3) 在条件许可的情况下,比赛日程中应安排一天休息。最好安排在团体赛和单项赛之间,或安排在第一阶段比赛和第二阶段比赛之间。

(4) 在单项比赛中,每名运动员一天不应安排超过 6 场比赛,而且同一个项目的比赛不应该超过 2 场。

(5) 在团体比赛中,每个队一天内不应该安排超过 2 次五场制的团体赛;一节中不应该安排超过 1 次五场制的团体赛。

(6) 若遇特殊情况,经竞赛主办单位同意,可不受此限制。

(7) 在国际羽联批准的比赛中,不论国际羽联有无任命代表到场,都不允许运动员在上一场比赛结束后 30 分钟内开始另一场比赛。当比赛在天气比较热、湿度比较高的条件下进行时,可以允许适当延长间歇时间。

第六章 羽毛球规则与裁判法

任何一项体育运动都是在一套相应的规则、一定的时间和相对的空间中进行的,离开了这些因素,运动也就失去了生命力。羽毛球运动的规则是随该项运动的产生而产生,并随这项运动的不断发展而逐步走向成熟的。当今国际上普遍通用和统一实施的羽毛球运动规则大致有两个方面的内容:一是对羽毛球运动本身进行某些“规范”和“限制”的一套严格的规章制度,即羽毛球运动规则;二是具体实施和监督这套规章制度的裁判法。

第一节 场地与器材

一、场 地

如果是在室外运动,随便找一块空地就可以了,当然要平整,不要太湿滑。但是正式比赛必须安排在室内,有效地避免风、阳光等客观因素对比赛造成的影响,理想的环境是:窗子配上暗色窗帘,白炽灯或萤光灯置于与场地边线平行的上方,光亮充足;地面要用有一定弹性的地板,在国际比赛中常常在地板上铺放一层用化学合成材料构成的塑胶活动场地。

(一) 球场

球场应是一个长方形(如图 6-1),根据图中所示尺寸,用宽 40

毫米的线画出。

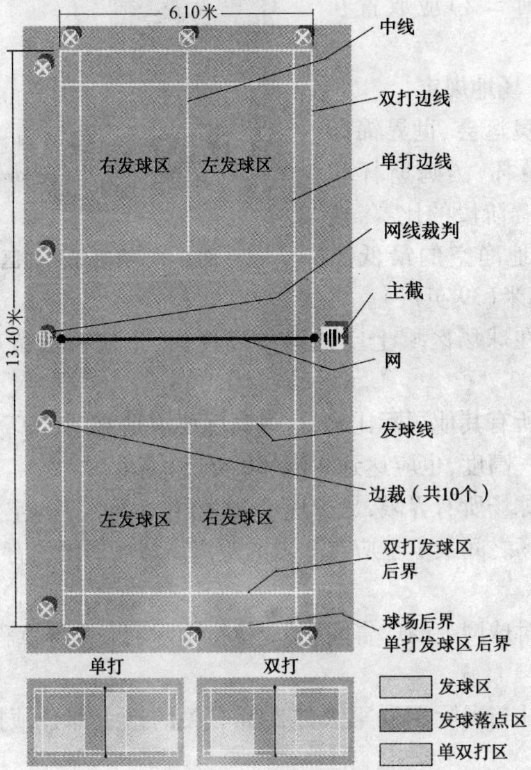

图6-1　羽毛球场地

场地线的颜色最好是白色、黄色或其他容易辨别的颜色。

测试正常球速区域的4个40毫米×40毫米的标记，应画在单打发球区边线内沿，距端线530毫米和990毫米处（如图6-2）。

这些标记的宽度均包括在所画的尺寸内，即距端线外沿530毫米至570毫米和950毫米至990毫米。

所有场地线都是它所确定区域的组成部分。

如果面积不够画出双打球场，可画一单打球场，端线亦为后发球线,网柱或代表网柱的条状物(规则 2.2)应放置在边线上。

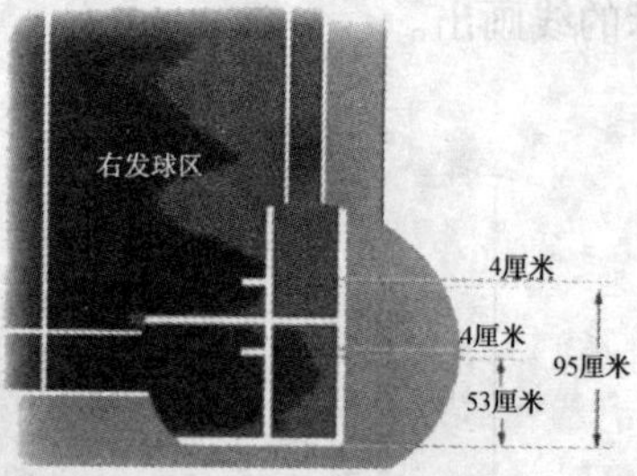

图 6-2　羽毛球测速区

(二) 场地规定

(1) 奥运会、世界锦标赛、苏迪曼杯、汤姆斯杯和尤伯杯决赛阶段的比赛,整个比赛场地净空的最低高度应是 12 米(39 英尺)。

(2) 在球场区域上空的这一高度内,不应有横梁或其他障碍物。

(3) 所有其他国际比赛,这一高度要求是 12 米(39 英尺),如达不到这一高度,也应达到 9 米(30 英尺)高度。

(4) 球场所有界限,最少应有 2 米(6.5 英尺)的空地。并列的两个球场之间最少也应有 2 米的距离。球场周围的背景应当是深色的。

(5) 对球网上的广告问题,应执行国际羽联竞赛章程 13.6 的规定。

(6) 凡与国际羽联重大的比赛有关的组织都必须执行上述规定。

(7) 在特殊环境中,经有关部门批准,可以变更上述规定。

(三) 网柱

从球场地面起,网柱高 1.55 米。网柱必须稳固地同地面垂直,并使球网保持紧拉状态。网柱如图 6-3 所示,应放置在双打的边线上。

如不能设置网柱,必须采用其他办法标出边线通过网下的位置。例如,使用细柱或 40 毫米宽的条状物固定在边线上,垂直向上到网顶绳索处。

在双打球场上，不论进行的是双打还是单打比赛，网柱或代表网柱的条状物，均应置于双打边线上。

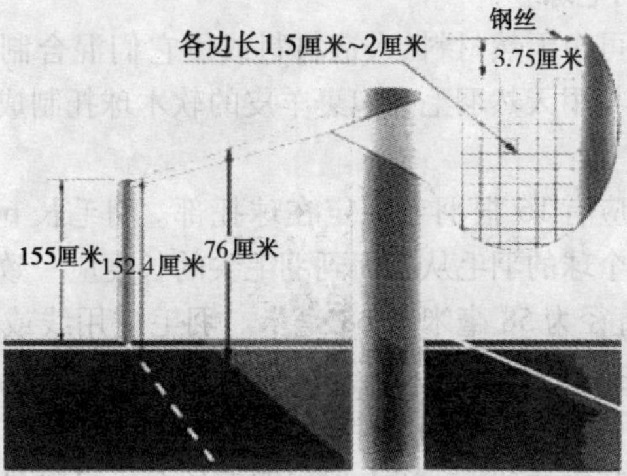

图6-3　网　柱

（四）球网

球网应由深色、优质的细绳织成。网孔方形，各边长均在15～20毫米之间。网上、下宽760毫米。网的顶端用75毫米的白布对折而成，用绳索或钢丝从夹层穿过。白布边的上沿必须紧贴绳索或钢丝。绳索或钢丝须有足够的长度和强度，能牢固地拉紧并与网柱顶部取平。球场中央网高1.524米，双打边线处网高1.55米。球网的两端必须与网柱系紧，它们之间不应有空隙（图6-4）。

图6-4　球　网

二、器 材

（一）羽毛球

羽毛球可由天然材料、人造材料或用它们混合制成。只要球的飞翔性能与用天然羽毛和包裹羊皮的软木球托制成的球的性能相似即可。

羽毛球应有16根羽毛固定在球托部。羽毛长64毫米至70毫米。每一个球的羽毛从托面到羽毛尖的长度应一致。羽毛顶端围成圆形，直径为58毫米至68毫米。羽毛应用线或其他适宜材料扎牢。球托直径25毫米至28毫米，底部为圆形。羽毛球重4.74克至5.50克（图6-5）。

非羽毛制成的球：球裙由近似羽毛的合成材料代替天然羽毛制成，球托底部为球形，尺寸和重量同上。但由于合成材料与天然羽毛在比重、性能上的差异，可允许不超过10%的误差。

在由于海拔或气候等条件不宜使用标准球的地方，只要球的一般式样、速度和飞行性能不变，经有关会员协会批准，可以变通以上规定。

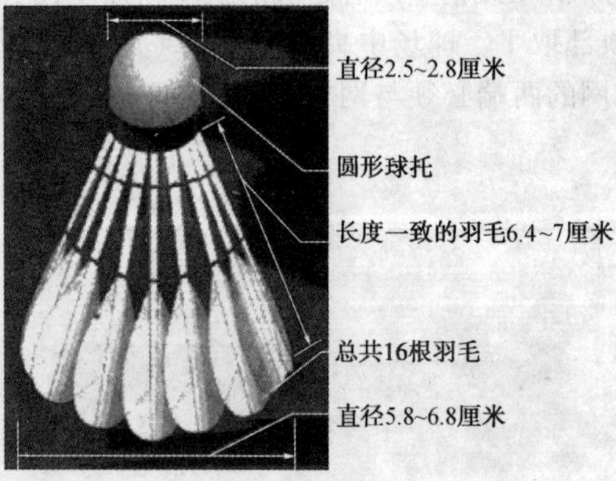

图6-5　羽 毛 球

1. 球的检验

验球时，站在端线外，用低手向前上方全力击球，球的飞行方向须与边线平行。一个具有正常速度的球，应落在离对方端线530～990毫米之间的区域内。

2. 羽毛球的几个关键指标

挑选质量较好的羽毛球是件非常重要的事，羽毛球的主要质量指标有三个：

(1) 羽毛球飞行稳定性。

飞行稳定性的定义是：羽毛球实际飞行轨迹与理论轨迹的偏差，简称稳定性。羽毛球在飞行状态下自身摇摆的程度分为四个级别。

一级飞行：是羽毛球在飞行状态下，自身完全没有摇摆（晃动）；飞行轨迹是一条标准的直线（俯视平面看）；羽毛球自身转速达到350转/分左右（直到飞行处于自由落体阶段时，仍不能十分清楚地看到羽毛球的毛杆部分）。

二级飞行：是羽毛球在飞行状态下，自身只有微小程度的摇摆（小晃动），飞行轨迹基本是一条标准的直线（俯视平面看），羽毛球自身转速达到350转/分左右（直到飞行处于自由落体阶段时，仍不能十分清楚地看到羽毛球的毛杆部分）。

三级飞行：是羽毛球在飞行状态下，自身会有小摇摆（较明显的晃动）；飞行轨迹基本是一条直线（俯视平面看）；羽毛球自身转速达到300转/分左右（直到飞行处于自由落体阶段时，可能会较清楚地看到羽毛球的毛杆部分）。

四级飞行：是羽毛球在飞行状态下，自身会有明显的摇摆（明显的晃动）；飞行轨迹不定（从俯视平面看）；羽毛球自身转速有快有慢。不能达到上述三种飞行标准的均属于四级飞行球。

蛇形球：羽毛球在击发球后，从脱离拍面开始飞行时，由于自身转速超过标准，球速先快后慢，造成飞行轨迹像蛇在草地上游动,俗称蛇形球。这种球主要是发生在右毛球中。

转弯球:羽毛球在击发球后,从脱离拍面开始飞行时,由于自身转速超过标准,造成飞行轨迹有一个明显地向左转弯的现象(面对飞来的羽毛球看),俗称转弯球。这种球主要是发生在左毛球中。

飘球:羽毛球在击发球后,从脱离拍面开始飞行时,由于自身转速低于标准,造成飞行轨迹没有一定的规律,给人一种随运动场馆的气流而飘动的感觉(微小感觉),羽毛球在自由落体状态时,能很清楚地看到羽毛毛杆,俗称飘球。

(2) 羽毛球飞行速度。

① 速度与落点的关系。羽毛球的落点通常是用飞行速度来表示,而速度又是用羽毛球的重量来间接表示的。例如,球筒上标明50或77是指球的重量为5.0克或77格林(欧洲重量单位)。北京地区的冬季一般要用5.1克或78格林的球,夏季要用5.0克或77格林的球。广东地区冬季要用5.0克或77格林的球,夏季要用4.9克或76格林的球。球友要根据自己所在地区的气温与球馆的温度来确定购买何种速度的球。

② 正确选择飞行速度。市面上有些球虽然标注也是5.0,但重量很可能已在5.1克以上,那么在相同的打击力度下,其速度就自然要快一点儿。这种球一般是采用了开大球口直径的方法,来增加飞行阻力,从而达到降低飞行速度的目的。此种球的最大缺点是极易损坏球拍线。

由于厂家的工艺性不好,有时一筒球中会有4.8克~5.4克的球出现,这对球友来说,是很难掌握其飞行速度的。

羽毛球自身转速过高,会造成飞行速度偏慢,羽毛球自身没有转速,又会造成飞行速度过快。

考量何种品牌球的工艺性比较好,只要看看一打球的重量是否一致,就基本可以确定球的工艺水准了(12只球一个重量,误差仅为0.1克)。

③ 羽毛球耐打度。耐打度是羽毛球的一个非常重要的质量指标。对于耐打性,一般来说从以下几个方面来考量:

正常双打情况下,不小心打在毛叶上,羽毛不会立即就断掉。

双打比赛一般情况下一只球可以很顺利地打完一局球,单打比赛一般可以打完两局球(用球不是很挑剔)。

大力杀球的情况下,只要不是劈杀球(球拍面与羽毛球侧面接触),一般情况下要能抵挡业余球手20拍以上的杀球,要能抵挡专业球手12拍以上的杀球。此时球的飞行稳定性应该还没有很大的改变,球还能继续使用一段时间。

羽毛球两道线圈的胶水含量如何用肉眼判断呢?一般来说,眼睛直观地看上去,线圈的线迹基本被胶水补满(量化一下,就是胶水固含量0.55~0.6克),就可认为是较好的球。如果仍能看到勾线的痕迹,就证明胶水很少,以致于耐打度下降。

中高档球由于在选料与制作工艺方面比较严格,因此耐打度一定会好于低档球,训练球的耐打度一般会比低档球差一点点。

(二) 球拍

一把球拍的各部分的规格要求如图6-6。球拍由拍柄、拍弦面、拍头、拍杆、连接喉组成整个框架。拍柄是击球者握住球拍的部分。拍弦面是击球者用于击球的部分。拍头界定了拍弦面的范围。拍杆通过连接喉(如有)连接拍杆与拍头。拍头、连接喉、拍杆和拍柄总称球拍。球拍总长度不超过680毫米,宽不超过230毫米。拍弦面应是平的,用拍弦穿过拍头十字交叉或其他形式编织而成。编织的

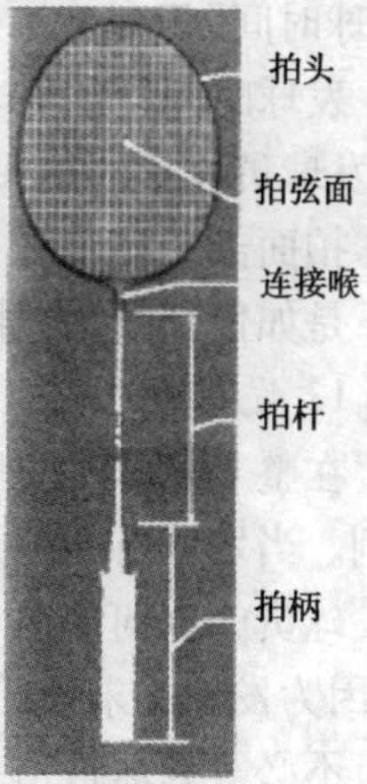

图6-6　羽毛球拍

式样应保持一致，尤其是拍弦面中央的编织密度不得小于其他部分。拍弦面长不超过 280 毫米，宽不超过 220 毫米。拍弦可延伸进连接喉的区域，延伸区域不超过 35 毫米宽，连同这个区域在内的整个拍弦面长不超过 330 毫米。球拍不允许有附加物和突出部，除非是为了防止磨损、断裂、振动或调整重心的附加物，或预防球拍脱手而将拍柄系在手上的绳索；但尺寸和位置应合理。不允许改变球拍的形状。

第二节　发球违例的判断

羽毛球竞赛规则第 9 条"发球"详述了什么是合法发球，也就明确了什么是"发球违例"，在判断是否"发球违例"时，首先要掌握"发球时间"的概念，因为所有发球员的"发球违例"只发生在"发球时间"里。

发球时间：当发球员和接发球员双方做好发球和接发球准备后，发球员球拍的拍头第一次向前挥动（发球开始），直至发球员的球拍面击中球或未击中球落地（发球结束）为止的一段时间。以下是如何判断"发球违例"。

1. 发球脚违例

在整个发球时间里，发球员的任何一脚踩线、触线或移动均属违例。当发球员准备开始发球站好位置时，发球裁判员就应该注意发球员的任何一脚有否踩线、触线，如果有的话此时还不能宣判，因为发球并未开始，一旦发球员的球拍开始向前挥动，发球裁判员不必等到球被击出就应立即宣报"违例"。有些发球员喜欢发球时站位贴近中线，在开始挥拍时脚并未触线，但随着挥拍动作后脚有一个旋转致使有半个脚明显踩在线上，这也是"发球脚违例"。也有的发球员习惯在站好位置后，前脚向前跨出一步后再挥拍，这不应看做是脚移动，因为发球并未开始，而一旦发球员的球拍开始向前挥动到发球结束，在这一段时间里，发球员的任何一脚离地或拖动就是“发球脚违例”。

2. 未先击中球托

发球时球拍与球的最初接触点不在球的球托上，也就是说，球拍先击中球的羽毛部分或同时击中球的羽毛和球托都为不合法。这条规则的主要作用是限制发球员发旋转飘球。发球时，发球裁判员要注意仔细观看，球拍与球的最初接触点是否只在球托上，实际上有时是非常困难的，所以发球裁判员要借助于观看发出球的飞行状态来帮助判断。如果球拍明显是先击中羽毛，则应判该发球违例；对不能肯定先击中球托的发球，那就看发出的球飞行中是否有旋转、翻滚，有就可判违例；如果发出的球飞行弧线正常，就是合法发球了。但要注意，如果发球时明显是先击中球托，即使发出的球飞行时带有旋转和翻滚，也不能判违例。

3. 发球过腰

发球时，当球拍击中球的瞬间，球的任何部分高于发球员的腰部为“发球过腰”。这一规则规定主要是不让发球员在高击球点把球平击过去，造成对接发球方的威胁。在判断球的任何部分是否过腰，首先要知道腰的部位，从人体解剖分析，腰部是从第一腰椎到第五腰椎组成，而第一腰椎大约相当于人体最低一条肋骨，当击中球的瞬间，球的任何部分如果高于最低一条肋骨的延长线，应被认为是过腰了（过去曾有过在羽毛球比赛时要求运动员把上衣下沿塞进裤腰里，然后以裤腰为界来判断发球是否过腰，结果造成运动员故意把裤腰束高，以此提高击球点的弊病）。“发球过腰”违例，一定是在球拍击中球瞬间才产生，这里有两种情况值得注意：一种是发球员已经开始挥拍，且球也已离开发球员的持球手，而这时球在远高于发球员腰部的空中，这不属于违例；另一情况是，发球员准备发球和挥拍的开始阶段，球保持在低于发球员的腰部，而当快要击中球时，发球员把球迅速上提，在球体超过腰部的高处将球击出，这是明显的发球过腰违例。

4. 发球过手

发球时，当球拍击中球的瞬间，发球员球拍的拍杆没有指向下方，使得整个球拍拍头明显地低于发球员的握拍手部（习惯称“发球过手”）。这一规则规定主要是不让发球员用垂直于地面的平拍面发出进攻性的平射球，而要求发球员的球拍面只能以向上的方向击出，使球以向上的弧线越过球网。判断这一违例时要掌握三个方面：一是球拍击中球的瞬间；二是球拍一定要明显低于发球员的手部；三是如果发出去的球的飞行弧线是平地射向接发球员的话，判发球“过手违例”不会有错，这一点最为重要。

5. 延误发球

发球员的挥拍不是一次性连续向前把球击出（习惯称“发球假动作”）。发球员在开始向前挥拍后又改变挥拍方向，或在挥拍的过程中有停顿使对方受骗，这些均属发球违例。在实际中较多见的情况有两种：一种是发球员向前挥拍中途突然停住，接发球员以为是发近网球而身体重心向前，但发球员又突然手腕一抖把球发向对方后场，使接发球员受骗；另一种是发球员在准备发球时，将球拍不停地抖动，幅度有大有小，在对方无备时将球发出。这些都应该判为“延误发球”违例。

第三节　裁判长的职责与担任的条件

一、裁判长的职责

裁判长对组成整个竞赛的每一场比赛负有全责，包括：

(1) 对规则和竞赛规程的解释作出最后决定;

(2) 保证比赛公正地进行;

(3) 保证比赛的顺利进行;

(4) 全面管理竞赛。

二、担任裁判长的条件

(1) 热爱羽毛球运动,有奉献精神并对此项运动有相关的经历和丰富的经验。

(2) 精通羽毛球竞赛规则,熟悉羽毛球竞赛规程并具有与羽毛球运动相关的知识。

(3) 做事讲原则,工作责任性强,有条理,有主见,敢于作决定,并勇于承担责任,善于团结大家一起工作。

(4) 仪表端正,着装整洁,待人接物和气有礼貌。

(5) 身体健康,精力充沛。

裁判长在竞赛组委会的领导下执行裁判长的工作。

三、裁判长在比赛前的工作

(1) 阅读本次比赛的有关竞赛规程和文件。

(2) 了解比赛概况,了解各项目的参赛人(对)数,核算比赛的轮数、场数、可使用的场地数和比赛的天数及时间。

(3) 了解竞赛各有关部门及人员的联系方法。包括:竞赛委员会、医生(住处和比赛场地)、交通车、裁判人员、编排记录组(包括训练场地安排,播音员,翻译员)、管球员、场地器材组(比赛时的网,网柱,尺,灯光,空调,门窗,场地划线或修补)。

(4) 核查抽签、竞赛编排等情况。

① 种子进位和同队运动员的位置必须符合抽签进位原则。

② 在领队会前或领队会时了解退出比赛和需要替补的情况

并作出决定。

③ 核对各运动队和运动员的报到情况。

④ 竞赛日程编排:通常一个项目一天安排一轮比赛,如果必须安排两轮,最好是最初的几轮比赛,如第一和第二轮或第二和第三轮,千万不要将四分之一决赛以后的比赛在同一天进行两轮,如果同一天必须进行两轮比赛,则间隔的时间要尽量长一些。

⑤ 根据比赛的水平,估算每一场比赛所需的时间。

比赛的秩序表应在各运动队报到或比赛开始前数天就发到各比赛队和有关方面。如果因故有变动,那么在领队会后,至少在比赛开始前一天必须公布经调整后最后的、完整的、正确的比赛秩序表。

(5) 检查场地、设备、器材是否符合要求。

① 场地的丈量是否标准,线的颜色是否清楚,场地表面平整程度,塑胶地毯的接缝有无裂开,场地四周空间和高度是否符合标准。

② 网柱是否稳固,网的白布条是否紧贴绳索,网和网柱之间有无空隙,网是否破损有洞。

③ 裁判椅、发球裁判椅、视线裁判椅的高度和稳固性,记分器的数量及安放位置(在有电视转播的比赛,还要注意电视摄像机和话筒的位置)。

④ 尺,拖把,暂停标记,放衣物和备用拍筐,放球筐的数量和位置。

⑤ 灯光的亮度和角度,场地四周门窗的挡风情况,场地的背景(包括广告,A 字型广告牌,视线裁判服,桌子等)不能为白色或浅色。

⑥ 记录台、裁判长席、比赛值班医生与球员的位置,轮休裁判员和司线裁判员座位。

⑦ 裁判员、运动员进退场的出入口及行走路线。

⑧ 运动员、裁判员、司线裁判员的休息室与厕所。

⑨ 医务室、兴奋剂检测室的位置和设备。

(6) 检查运动员检录处；检录处应安放在合适的位置，既不影响比赛，又方便比赛运动员检录。

(7) 检查比赛用球。除按规则要求随机抽查测试球的速度外，还要使用发高远球的方式测试球飞行稳定性（飞行时是否摇晃或飘行），要准备有足够数量的球并有快一号和慢一号速度的球供选择，要注意同一号速度的球其速度应一致。

(8) 召开裁判长、领队和教练员联席会议；在比赛前一天举行领队、教练员会议，会议的内容及需解决的问题一般有下面几项。

① 对出席人员作介绍并表示欢迎；在会议开始前尽早把比赛抽签结果发给各队，以便各领队核查能及早发现问题在领队会上提出。

② 核查、询问参赛队和运动员报到情况，就秩序册中的错误进行更正，对退出比赛、替补等在会上作出决定。

③ 对规则中新修改的条款需作说明。例如：发球违例，换球的处理（不试速度），运动员在比赛中换拍、擦汗等需得到裁判同意，90 秒和 5 分钟间歇，场上受伤的处理等，如果有补充规定应该在会上宣布。

④ 宣布比赛的报到时间与方法，团体赛交换名单的时间与地点。

⑤ 比赛时运动员进退场的方式和出入口。

⑥ 准备活动场地，训练场地安排时间表。

⑦ 明确各领队与裁判长联络的方法（房间号，电话号），要让领队、教练员随时能与裁判长联系。

⑧ 会议结束前，感谢各领队和教练员的合作，预祝比赛在各方面的共同努力下圆满成功。

(9) 主持全体裁判员会议；在领队会议后、比赛开始前召开裁判员会议,会议的内容及需解决的问题有如下几项。

① 介绍出席会议人员并表示欢迎。

② 介绍本次比赛项目、参赛队和运动员数、比赛办法、竞赛日程及时间等。

③ 传达领队会上有关比赛的各项内容。

④ 比赛时,裁判员到场地报到时间,或赛前准备会的时间。

⑤ 比赛进退场的出入口和路线。

⑥ 要求裁判员进场后对所有场地器材与裁判人员的位置作检查。

⑦ 本次比赛各阶段和一场比赛开始时如何宣报。

⑧ 规则新的变动;强调执行规则的重点:发球裁判员的宣判,网前的击球违例,换球的处理,90 秒和 5 分钟间歇,比赛连续性和行为不端的处理,场上受伤的处理等。

⑨ 在会议最后表示,希望能与全体裁判员合作愉快,预祝比赛成功。

(10) 召集全体司线员会议。

有些羽毛球比赛设专职司线裁判员,他们独立成为一个组。遇此情况,裁判长需另行召集司线裁判员会议。

① 自我介绍并表示欢迎。

② 指出视线裁判工作的重要性,介绍本次比赛的一般情况,司线裁判员的工作安排。

③ 要求司线裁判员精神集中,不受任何干扰,公正判决,宣报"界外"的声音要响亮,手势要果断清楚。

④ 司线裁判员只负责判决球在他所分管的线附近的落点是界内还是界外,如果视线裁判员认为球擦运动员的球拍、身体、衣服后出界,就不要立即做界外的手势,要等裁判员示意后再作界外球的判决。

⑤ 只要球落在该视线员分管的线附近,都要做手势。如果落

在后场边线和端线的交界处附近，边线视线员与端线视线员都应做手势，如果作出不同的判决，裁判员应宣判出界。

⑥ 讲明比赛时，如发现司线裁判有明显的错误，为了比赛的顺利进行，裁判长有权撤换该司线裁判员。

⑦ 表示希望能合作愉快并祝比赛成功。

(11) 对编排记录长提出要求。

① 要求在每天的比赛开始前准备每天的比赛秩序表和记分表。

② 比赛时在裁判长指导下调度宣报比赛场次。

③ 收集比赛结束的记分表并协助检查。

④ 根据比赛记分表统计每场比赛所用的时间。

⑤ 成绩公布和成绩公报。

⑥ 裁判员担任裁判工作次数的统计。

⑦ 资料归档编制成绩册。

(12) 会见医生提出配合要求，遇有运动员在比赛中受伤时的处理步骤。

四、裁判长在比赛中的工作

裁判长必须在比赛开始前到达场地，规模较大的比赛需要提前40分钟到达场地，以便作全面的检查。

(1) 对场地、器材作最后检查。

(2) 测试球速，决定当天比赛用球速度号（可请运动员协助）。

(3) 裁判工作准备会，宣布当天的裁判工作安排。第一天比赛的准备会应对本次比赛的进退场方式、路线、工作程序等再次说明；强调裁判员对全场的控制，解答裁判员提出的问题。以后每天的准备会应对前一天的比赛作简短的评价和强调当天比赛的注意事项。

(4) 检查各岗位到位情况。所有第一场裁判员、记录台人员、广播员、医生以及与比赛场地有关人员全部到位。第一场比赛运动员报到。比赛开始前5分钟,全部人员离开球场。准时宣布比赛开始。

(5) 比赛进行中的工作。

比赛开始后裁判长要始终在场并密切注视比赛的进行状况,随时准备接受并处理领队、教练、运动员或裁判员的申诉,以及对其他一切有关比赛的问题作出决定。如果裁判长必须离开场地,应委托副裁判长代理裁判长的职责。在几个馆同时进行比赛或在一个馆中有多个场地进行比赛时,裁判长可派副裁判长分工负责,以保证每个场地有裁判长负责观看。

裁判长应随身备有小笔记本,随时记下比赛中发生的意外事故,需改进的地方及裁判的工作情况,也应将各有关方面提出要求解决的问题记录下来,以便及时解决。

接受领队或教练员提出的运动员要求弃权的请求,并及时将处理意见通知记录组和有关运动队、运动员。

(6) 接受申诉的处理。

① 比赛中针对发球裁判员或司线裁判员判决提出的申诉,裁判长应先仔细听取教练员的申诉,然后到该比赛场边(如果该场地离得较远)仔细观看。

② 比赛中运动员对司线裁判员的判决提出异议,裁判员应制止运动员向司线裁判员争议,告知运动员如有问题只能向裁判员提出。裁判员认为司线裁判员是正确的,应明确告诉运动员"司线裁判员判决正确,继续比赛"。只有裁判员认为需要时才使用正式手势,要求裁判长进场。裁判长进场后首先应仔细听取裁判员的陈述,如有必要再听取运动员的申诉,然后作出决定。如果认为裁判员是正确的就支持裁判员的判决,要求运动员继续比赛;或

裁判员认为司线裁判员确实明显错误,裁判长也持同一看法,可以撤换该司线裁判员,但不能更改司线裁判员的决定。在裁判员宣报“继续比赛”后,运动员如果仍纠缠不休,裁判员应运用羽毛球竞赛规则第16条处理。

③ 比赛中裁判员同样不允许运动员向发球裁判员提出争议,发球裁判员在宣报发球违例的同时应以规范手势表明是什么发球违例,在运动员询问时可再次以手势表明,绝不可回避。如运动员争议,裁判员必须制止。运动员对所有有关判决的申诉只能向裁判员提出。一般情况下裁判员应维护支持发球裁判员的判决,要求运动员服从判决,继续比赛。如果有教练员向裁判长提出对发球裁判员的申诉,裁判长应认真观看该场比赛然后给以答复,但决不能在比赛进行中上场对发球裁判员给以指导。如有必要,在局数1比1比赛间歇时,可与发球裁判交换意见。如果裁判长认为发球裁判员确实问题严重,影响比赛的公正进行,那么根据规则裁判长也可撤换发球裁判员。一般情况下裁判长在小结会时应对发球裁判员的问题提醒注意,下次安排发球裁判员时也应考虑。

(7) 对破坏比赛连续性和行为不端的处理。

裁判员应严格控制比赛的进程,不允许运动员采取不正当手段来达到目的。例如裁判员根据自已的经验应该同意运动员擦汗、喝水、擦地等的合理要求,当认为运动员频繁要求喝水、擦汗、换球等是为了恢复体力时,可以予以拒绝(特别在比分关键时)。如果运动员没得到裁判员的允许擅自离场,至少要给以提醒或警告;在局数1比1的间歇时,如果一方运动员超过5分钟才到场应给以警告,迟到时间长的还可判违例。当第一局的输方,在胜第二局的最后一分时报“Game”,表示该局比赛结束,此时按下秒表,“5分钟间歇”开始。在此间歇期,裁判员和发球裁判员要注意运动员在什么地方,当还剩一分钟时,裁判长如可能的话,要在场边;在还剩10秒时,即使运动员还没准备好,裁判员也应要求运动员进场地开始决胜局的比赛;如果运动员不到 5 分钟时已经做好准备,裁判员也可宣报决胜局开始;如果有一方或双方 5 分钟没到场地,裁判员应根据规则第 16 条对违反方给予警告,情况严重的判违反方“违例”并报告裁判长(注意:只超过几秒钟的可不算)。

作为裁判长应随时环视整个场地,一旦发现有运动员与裁判员纠缠或有行为不端时,应到该场地边,准备裁判员的召唤,作为裁判员在有情况时首先要自己解决,要善于运用规则第 16 条,如运动员犯了一般的行为不端可提醒他注意,程度较重时应给予警告,程度极严重时应直接判违例并报裁判长。下列行为均属行为不端:与裁判员争论不休、不服从裁判员,态度粗鲁,言语不逊骂人,破坏球的正常速度;不礼貌的举止行为如握拳向对方示威,用拍击打球网,摔球拍或抛球拍等。

(8) 场上受伤情况的处理。

为能让比赛中场上发生受伤时处理公正和便于裁判员操作,有人提出制定一个确切的允许场上进行治疗的适当时间,但国际羽联几次讨论都未有结果。在我国全国比赛中,有时在竞赛补充规定中作出规定,允许有一次 2 分钟或 3 分钟的治疗时间。

在国际比赛中对场上受伤情况的处理方法是,一旦裁判员看到运动员因伤或抽筋停止比赛,即要开启秒表,如果运动员很快恢复,则比赛继续进行;如果超过 10 秒钟运动员还没准备好,裁判员也应要求运动员站好位置,继续比赛,运动员不能立即恢复比赛,则裁判员召唤裁判长,裁判长陪同医生一起进场,由医生区分该运动员的受伤程度,在裁判员认为不影响对方的情况下,进行短时间的简单的治疗。在裁判长和医生离开场地后,裁判员宣报“继续比赛”,如果运动员站好位,比赛应立即进行,运动员不能立即恢复做好比赛的准备,裁判员就应宣布该受伤运动员退出比赛。在比赛因伤暂停后,该运动员又因伤疼停下来时,裁判员应向其询问能否比赛,如果回答“可以”则比赛继续进行,不允许再次停顿和治疗；如果该运动员不能继续比赛，则裁判员宣布该运动员退出比赛。

(9) 关于比赛用球速度申诉的处理。

比赛中运动员向裁判员提出比赛球的速度太快或太慢，而裁判员认为速度正常的话就可以要求运动员继续比赛。如果裁判员在比赛过程中也感到球的速度确实太快或太慢，就应报告裁判长，由裁判长作出裁决。如果怀疑场内温度起变化而引起球速快慢的变化时，可让双方按规则第 3 条试一下速度，再作出决定。

裁判长不能让运动员自己来选球的速度，而应由裁判长按规则来决定比赛用的球速。在同一体育馆内，同一时间，要用同一速度的比赛用球。

(10) 考察裁判员的工作。

仔细观看比赛中裁判员、司线裁判员和发球裁判员的裁判工作情况并作记录，场上发生的意外事故也要随时记录，供对裁判员作鉴定或小结或裁判长报告时用。

(11) 审核裁判员的记分表。

审核裁判员交来的临场记分表，裁判长自己也需要作比赛结果的记录，并随时查看成绩公报，审核成绩公布是否正确。

第四节　裁判员的职责与裁判方法

一、职　责

每场比赛由裁判长指派一名裁判员（亦称主裁判）主持比赛，并管理该场地及其周围，比赛时坐在场外网柱旁的裁判椅上，执行竞赛规则的有关条款。

(1) 及时地宣判"违例"或"重发球",并随时在记分表上作相应的记录。

(2) 对申诉应在下一次发球前作出裁决。

(3) 应使运动员和观众能了解比赛的进程。

(4) 可与裁判长磋商,安排、撤换司线裁判员或发球裁判员。

(5) 裁判员不能推翻司线裁判员和发球裁判员对事实的裁决。

(6) 当临场裁判员不能作出判断时,由裁判员执行其职责或判"重发球"。

(7) 裁判员有权暂停比赛。

(8) 裁判员应记录与规则第16条(比赛连续性、行为不端及处罚)有关的情况并向裁判长报告。

(9) 执行其他缺席裁判员的职责。

(10) 裁判员应将所有与规则有关的申诉提交给裁判长。

二、比赛时裁判员的宣报方法

羽毛球裁判员的宣报是执行裁判工作的重要一环,运用竞赛规则的标准术语进行宣报,能清楚地表达比赛的情况和裁判员的判决。掌握正确的宣报方法是比赛得以顺利进行的重要保证,裁判员的宣报应声音响亮、果断并带有权威性。因为羽毛球裁判员的宣报即是裁判员对每一个球胜负的判决,音量大小的控制变化与比赛场的环境要能协调配合,宣报速度需要有节奏的变化,特别是在关键时刻,裁判员发现运动员的球拍过网击球、球拍碰网、连击、球碰地后被运动员还击、球擦运动员身体或衣服等情况时,更是需要果断、迅速地宣报"违例"。

(一) 宣报比赛开始

在正式宣布比赛开始前,裁判员应报"停止练习",此时让双方运动员做好正式比赛的最后准备。每次比赛由裁判长决定比赛开始时的介绍和宣报方式（采用完整形式或简单形式），一般地说都是采用简单宣报形式。只有在半决赛或决赛时会采用完整宣报形式。裁判员在宣报时，应该抬起头，声音清晰响亮，使运动员和观众都能听清楚。在介绍运动员姓名时，要以右手或左手指向相应的一方，不要造成当裁判员的手指向一方时，该场区的运动员还在场外。一定要在双方运动员都站好位做好发球和接发球的准备后，再报"比赛开始，零比零"（love all play）。

（二）比赛中的宣报

1．比分和换发球

任何时候都应将发球方的分数报在前面；在换发球时，要先报"换发球"接着报比分，而且要把新的发球方的分数报在前面。例如：甲与乙比赛，甲以 5 比 3 领先，甲又发球并胜了这一回合，裁判员就直接报分"6 比 3"，甲在接着的一个回合输了，裁判员应报"换发球，3 比 6"。双打比赛时，当发球方失去第一发球后，裁判员在每次报分后都要紧接着报"第二发球"。例如：当比分为 8 比 5 时，发球方输了这一回合，裁判员应报"8 比 5 第二发球"，接着发球方胜得了一分，裁判员应报"9 比 5 第二发球"，发球方再胜就报"10 比 5 第二发球"……凡是双打比赛的发球方是在第二发球时，每次报分后都要接着报"第二发球"，直至换发球。

2．界外

球落在有司线裁判员分管的线的界外时，由该司线裁判员负责报"界外"，球落在没有司线裁判员分管的线的界外时，裁判员应先报"界外"，然后接着报比分或换发球和比分。注意，此时是要将新的发球方的分数报在前面。

3．违例

无论比赛中出现何种违例，裁判员都应立即报"违例"，然后报比分或换发球，在运动员询问或必要时作出解释，是什么违例。

4. 重发球

在比赛场上出现需要判重发球的情况时，裁判员应报“重发球”，接着把比分再报一次，一是强调比分不变，二是比赛继续，发球员可以发球了。

5. 比赛暂停

有意外事故发生或有运动员不能控制的情况，裁判员可宣报“比赛暂停”。在恢复比赛时，裁判员宣报“继续比赛”并报当时的比分。

6. 加分赛

当比分出现10平(女子单打)或14平时，裁判员应问先得10分或14分的一方“你要加分吗”，如果回答不加分，就要报“不加分，局点10比10(或局点14比14)”；如果回答要加分，裁判员应报“比赛至13分(女子单打)”，或“比赛至17分”。

7. 局点

在一方运动员再得一分，即胜该局比赛时，裁判员在报比分前要加报“局点”。例如：甲与乙的男子单打比赛，比分13比9，甲又得了一分，裁判员此时应报“局点14比9”。但只有一方第一次出现此情况(加分再赛后出现该情况)时需报“局点”。在上例中如果报了“局点”后甲方并未胜这一回合，换发球后在12比14时甲又夺回了发球权，此时裁判员只报“换发球14比12”，如果此后乙方将比分追成14比14，甲方没要求加分赛，因此乙方只要得一分就可胜该局，裁判员应报“局点14比14”；甲方选择加分赛，某方先得17分胜该局，到了一方得分数为16时又要在比分前加报“局点”。

8. 场点

在一方运动员再得一分，即胜整场比赛时，裁判员在报比分前要加报“场点”，方法与报“局点”相同，只是把“局点”改为“场点”。第一局的胜方在第二局到了局点时，应报“场点”，第一局的负方在第二局只有"局点"没有"场点"。而在决胜局时，双方都只有"场点"没有"局点"。

9. 90 秒间歇

在第一局比赛结束时，裁判员应宣报"第一局比赛结束×××胜，××比××，交换场地"。当时间过了 70 秒时，裁判员要宣报"×号场地还有 20 秒"，此时运动员必须立即进场，准备开始进行第二局的比赛。

10. 5 分钟间歇

在比赛局数成 1 比 1 时，裁判员宣报"×号场地 5 分钟间歇"，当时间过了 3 分钟时，裁判员宣报"×号场地还剩 2 分钟"，当时间过了 4 分钟时，裁判员宣报"×号场地还剩 1 分钟"，此时运动员应立即准备开始第三局的比赛。在宣报时间时，裁判员可以根据场上的情况，如果有运动员不在场地边，就应该重复宣报以示提醒，反之则不必重复宣报。

11. 警告

当运动员违反规则第 16 条，裁判员在执行此规则时，应举起右手，召唤该运动员走到裁判员跟前，裁判员报"警告×××(该运动员的姓名)行为不端"，再犯时报"违例×××(运动员姓名)行为不端"。

12. 一局比赛结束

在一局比赛最后一个球成死球后，裁判员应报"第一局(或第二局或第三局)比赛(胜方的姓名)×××胜，××比××(比分)"。如："第一局比赛×××胜，15 比 4"。

13. 一场比赛结束

在一场比赛结束时，裁判员应报胜方姓名(团体赛时报队名)和所有局数的比分(两局或三局)。如："比赛结果×××胜 3 比 15，15 比 8，17 比 16"。

三、裁判员进场前的工作

进场前的工作是指裁判员在接受担任某场比赛的裁判工作后到进入比赛场地的一段时间内所要做的工作。

（1）检查自己的裁判用品是否备齐（记分笔、秒表、挑边器等），裁判服、裁判员标记是否整洁、符合要求。

（2）到记录台领取记分表，检查表中各项内容是否正确，填写好可以预先填写的项目，熟悉运动员的姓名和准确宣报姓名的发音，在国际比赛时，准确宣报队名和运动员姓名尤为重要。

（3）与该场比赛的发球裁判员见面问好，交代需要配合的工作，如提醒他准备比赛用球，带好运动员的姓名牌等。

（4）检查该场比赛的司线裁判员是否做好准备。

（5）在有要求时，召集比赛运动员列队入场。当发现有运动员未到时应立即报告裁判长。

（6）了解进场和退场的路线，在听到广播或裁判长示意后与发球裁判员（有时包括司线裁判员或运动员）一起进场。要注意，裁判员是该场比赛的组织者，从列队进场起，就应组织好该场比赛的所有运动员和临场裁判员在观众前亮相，行走要有精神，步子快慢要适当。

四、裁判员在比赛开始前的工作

1. 挑边

裁判员最好使用一枚两面颜色不同的挑边器（硬币）进行挑边，先应向双方运动员交代清楚，他们各是挑边器上的哪一面（指颜色），然后用手指把挑边器向上弹起使挑边器快速翻滚，落地后（也有的裁判员习惯用手掌接）看是哪一面的颜色向上，就是该方运动员赢得首先挑选权。在非正式比赛或练习比赛时，也可以利用球拍两面不同的图案、字样，将拍头着地，旋转球拍柄，在球拍落地后看是哪一面的图案向上。更简单的方法是把球向空中抛起，根据球落地时球托的指向来决定哪一方有优先选择权。下面为选择时的可能变化：

挑边的赢方先选择	挑边的输方后可选择	比赛开始时的发球方
先发球	场地的一边或另一边	挑边的赢方
先不发球	场地的一边或另一边	挑边的输方
场地的一边	先发球或先不发球	决定于挑边输方的选择

双打比赛时，应问清楚在比赛开始时的首先发球员和首先接发球员，裁判员要立即在计分表上记下发球员、接发球员（双打比赛时）和比赛开始时双方的场区（在裁判员的左边还是右边）。挑边后应及时把挑边结果告知发球裁判员和记分员，使记分器上运动员的名牌能正确地表明比赛开始时双方运动员所站的场区。

2. 检查网、网高和网柱

整个网面不能有破洞；网的两端与网柱间不能有空隙；检查网高要测量三处地方，两边的网柱高 1.55 米，网中央顶部离地面高 1.524 米。量网时要注意，尺要垂直于地面，尺的刻度面要紧贴在网的白布条上才能减小误差。发现问题如自己不能解决，应立即报告裁判长，在比赛开始前予以解决。

3. 检查场地及其周围

场地上有无异物，线的颜色是否缺损；场地四周两米以内不能有障碍物，运动员的备用球拍、毛巾及饮料均要放入规定的筐中，总之整个场地要整洁有序，有利于运动员的比赛和不影响观众的观看。裁判员为扩大自己眼睛的视野，有利于控制全场，其座椅离场地边线远一些较好；如果裁判员的一边没设边线司线裁判员，而要自己负责看球在边线的落点时，则座位就不宜太远。

4. 检查司线裁判员的座位

司线员的座位要对准各自所负责的线，特别是单打项目和双打项目交替进行时，可以在检查位置的同时与司线裁判员作配合的交流。

5. 检查运动员的服装

检查运动员的服装上的广告是否符合本次比赛的规定，以及双打比赛时两名同伴的服装颜色是否一致（国际羽联的竞赛规程是建议双打比赛两名同伴的服装颜色相一致），发现问题要求及时改正。

以上所有的工作应在 2 至 3 分钟的时间里完成，不要拖得太长，此段时间也正好是运动员做赛前练习和热身的时间，在完成这些工作后裁判员就可以上裁判椅准备开始比赛。

五、裁判员在比赛进行中的工作

从球被发出后，一直到球落地或裁判员宣报“违例”或“重发球”，这段时间是“球在比赛进行中”。裁判员双眼要紧随着飞行的球以及注意着整个球场及其周围的情况，根据规则及时作出判断和宣报。

1. 球不过网

球从网下过去、从网孔穿过（如果网上有洞没及时发现而产生这现象）、球被夹在网孔中等均为“违例”。如果球在过网时停在网顶或过网后挂在网上，这一情况在发球时发生作为“违例”，在比赛进行中发生应判作“重发球”。球从网柱外绕过网柱落入对方场内，以前的规则曾明确写明为有效，现在的规则没有文字说明这一情况，但从各有关条款分析，仍是合法还击。

2. “界内”和“界外”

比赛中当球落在有司线裁判员分管的线附近时，裁判员一定要根据该司线裁判员的决定宣判，如果该司线裁判员没有做手势，裁判员应要求他做出手势，然后再宣判。凡球落在没有司线裁判员分管的线的界内，裁判员可直接报比分，如果是落在界外，则裁判员需先报“界外”然后再报比分。裁判员认为司线裁判员明显错误时，应再次询问该司线裁判员，裁判员不能否决司线裁判员对其本人所分管的线的球落点的决定，但有责任把这情况向裁判长报告，如果错误明显，有必要时可以经与裁判长磋商后撤换该司线裁判员，即使撤换了司线裁判员，对于该司线裁判员的错判仍不能更改。许多比赛由于没有足够数量的司线裁判员，裁判员就需自己负责看前发球线，中线和靠近自己的一条边线，因为裁判员的视线与界线都有一个夹角，容易把界外球看成界内球，所以裁判员看球在这些线的落点时，应挪动身体尽量减小自己的视线与界线的夹角。例如，裁判员左场区的发球员发近网球时，裁判员可把身体往右移一些，尽量使自己的视线与右场区的前发球线平行，有利于作出准确的判断。球触地面即成死球，有时接球员在球已触地后，再把球还击过去，这是一个很快的过程，裁判员一定要眼明，口快（迅速报“违例”）。如果裁判员的位置过于贴近场地，是比较难判断这一情况的。可能的话，裁判员的座位应离场地边线稍远一些，扩大自己的视野的角度，这对控制全场和判断球是否触到地面都是有利的。

3. 球碰屋顶或场外障碍物

如果球场上空高度低于 9 米，裁判员在赛前就要了解是否有补充规定（场地高度低于 9 米时，竞赛组委会或裁判长可以制定补充规定，“发球时球碰障碍物第一次判重发球，第二次碰障碍物则判违例”），正常情况下裁判员在看到球碰屋顶时应立即报“违例”。球碰场外障碍物，如有司线裁判员时，这是司线裁判员的职责，其应报“界外”。

4. 球触及运动员的身体或衣服

凡球触及运动员身体的任何部分或衣服都属违例。遇有此情况裁判员应立即大声报“违例”，使双方运动员能清楚地听到并立即停止击球,司线裁判员也不必考虑是否需做手势。击球时球拍的框、杆、柄击中球均为有效击球。

5. 网前“阻挠”

羽毛球比赛中,当双方球员都在近网时,球员甲击球,对手乙如果举拍企图封堵球的飞行路线属“阻挠”违例,但如若球员甲的球拍已击到球后,球员乙再举拍拦击则非但不属违例,而是高水平的快速反应。区分是否“违例”,第一是看双方位置是否都在近网时,第二看举拍动作是在球拍击中球瞬间的之前还是之后。

例1:某次男双比赛,有甲方李/张对乙方王/周,甲方球员李×大力扣杀,乙方还击出网前高球,甲方张×在网上已方一边距网约10厘米处实施扑杀,在击到球前,乙方王×站在前发球线前举拍紧贴网封住球的飞行路线,立即被裁判员判了“阻挠”违例。

分析:乙方王×的举拍妨碍了甲方张×的扣杀动作,属违例。

例2:某次男女混合双打,甲方男队员在本方场地的前发球线附近进行扣杀,乙方女队员正站在近网处,为避免被击,举拍挡在脸前,结果把对方击来的球从拍上反弹回去,比赛继续进行。

分析:甲方男队员在前发球线处扣杀,乙方女队员的位置离得较远,举拍对他没产生影响,故不属违例。

例3:某次比赛,甲方在网前一个推球,球刚飞离球拍,乙方蹲在网下的球员迅即举拍把球挡回,乙方胜了这一球,未被判违例。

分析:乙方是在甲方球员球拍击中球后再举拍的,对甲方的击球并未造成影响,故不属违例。

6.“侵入场区”

羽毛球竞赛规则规定“运动员的球拍或身体从网上侵入对方场区”(击球者击球后,球拍可以随球过网)或“运动员的球拍或身体从网下侵入对方场区,妨碍对方或使对方分散注意力”均为违例。因此,凡身体、球拍从网上过网的即算“违例”,而身体、球拍从网下过网时要在对方受到影响时才算“违例”。

例1：某次羽毛球比赛，男子单打比赛中一名球员从后场全力奔向网前救球，挑了一个底线高球后，一只脚滑入对方场区，而此时对方球员不在网前，没被判违例。

分析：对方球员接着是要退到后场还击高球，故不会受到影响，不判违例。

例2：在一次女子双打比赛中，甲方一名球员击网下球勾对角时，不慎球拍脱手刚好从网下滑入对方场区，对方网前球员为之一愣，裁判员立即报“违例”。

分析：勾对角球的落点是在对方网前，对方网前球员因此而受到影响，故要判“违例”。

7．连击

一名球员两次挥拍两次击中球或双打比赛中两名同伴连续各击中一次球，均为连击。而一次挥拍球拍框先碰球然后拍弦将球击出属合法击球。两次挥拍两次击中球是极少产生的，但是如果击球时球在球拍上有停留或拖带现象则仍是击球“违例”。如比赛中当双方在近距离快速来回对击时，甲由于击球后握拍手的回复动作太慢球拍还贴在近身，而对方又击来追身球到甲的球拍，甲勉强还击，造成球在球拍上有停滞、拖带现象，属违例。双打比赛中两名同伴同时去击球，两把球拍相撞，而球只被一只球拍击出不算违例。

8．球碰球拍后继续飞向该运动员的后场

在此情况下，球已不可能再飞向对方场区，裁判员看到此情况后就应立即报“违例”。裁判员在执行这条规则时要注意，球碰拍后向下落时就不能在球落地前报“违例”。

9．死球

凡球撞网并挂在网上或停在网顶、球触地、球碰网或网柱开始在击球者这一方落向地面，或裁判员报“违例”、“重发球”后均已成“死球”。死球后任何一方再有违例均不再判。准确掌握死球概念,对裁判员的正确宣判极其重要。如:网前扑球,球拍碰网时就要区分球落地和球拍碰网哪一个发生在先;杀球时,球拍脱手飞过球网,球落对方场内,是球拍飞过网在前还是球落地在前;击球者把球打在自己一方的网上,球在自己一方落向地面,而对方又不慎球拍触网,如果是球拍触网在先,球拍触网一方违例,若球拍与球同时触网也是球拍触网一方违例,如果是球已开始下落后球拍再碰网则应是击球方击球不过网违例。

10. 外物侵入场区

当球在比赛进行中有外物侵入场区(这一情况大多数是边上另一场地的球飞入本场),如果对本场地的运动员产生影响的话,裁判员应报"重发球"。

比赛中要求裁判员不能眼睛只盯住球看,而是要将自己的视野尽可能扩大,这就要求裁判员本身要有参加羽毛球活动的经验,并经常担任裁判工作,才能对侵入场区的外物是否对运动员造成影响作出正确的判断。

11. 发生意外事故

当球在比赛进行中还未成死球时,遇有灯光突然熄灭、网柱倒下、地毯场地的接缝裂开等情况时,裁判员应宣判"重发球"。

六、裁判员在比赛结束后的工作

当一场比赛最后一个球成死球后,裁判员应在记分表上写上最后一个得分数,然后,宣布比赛结果(所有每一局的比分)。裁判员宣报比赛结果时要抬起头,声音响亮,清楚,节奏适当,要避免一边宣报一边与运动员握手。当比赛结束时,裁判员采用适当的方法向发球裁判员和司线裁判员的合作表示感谢。在国际大赛中,有的裁判员在裁判椅上对发球裁判员和司线裁判员说"Thanks servicejudge Thanks linejudges"(谢谢发球裁判员,谢谢司线裁判员),也有站在场地边与所有该场比赛的裁判人员一一握手致谢的。裁判员在与双方运动员握手后,不要继续坐在裁判椅上填写记分表,因为其他裁判人员都在等着一起退场。在离开场地后,就可仔细把记分表填写完整,及时交裁判长审核后交记录台。

七、裁判员在比赛时的记分方法

羽毛球比赛时,裁判员需自己在记分表上作记录。一张完整的记分表应该反映出该场比赛所属竞赛的名称、比赛双方运动员姓名、队名、组别、位置号、比赛项目、阶段、轮次、日期、时间、地点、比赛场地号、比赛开始时间、比赛结束时间、裁判员姓名、发球裁判员姓名、每局比赛开始时的发球员和接发球员。比赛开始后,通过记分表,随时可了解当时的比分、发球方位、顺序和发球员、接发球员。记分表的最后一行是胜方的队名或姓名、整场比赛的比分,以及裁判员和裁判长的签名。从一张填写完整的记分表上还可进行数据统计,如该场比赛总共打了多长时间、多少个回合、有几次打成平分、在什么时候有多少次发球未得分及有否违反规则第16条的记录等。

1. 比赛前的准备工作

裁判员从记录台领取记分表后,先应逐一检查各项内容,并填写能事先填写的项目。挑边后,在发球方的记分空格的第一格画0,双打项目还需在开局时发球方的发球员姓名后的小格内写S(server,发球员),在开局时的接发球方的接发球员姓名后的小格内写R(receiver,接发球员)。裁判员还应将发球方在开局时所站的场区以自己座位为参照标明左或右。

2. 单打记分

比赛开始后,无论单打或双打比赛裁判员在每个球成死球后都应在表上作相应的记录。如发球员甲发球后胜了这一回合,就得一分,裁判员应在甲方“0”右边的一个空格内写上“1”,甲继续发球后,如果连胜就连得分,裁判员应依此在相邻的右边空格内填写得分数,直至输了一个回合换由对方乙发球。这时,裁判员应在甲方最后一个得分数下一个空格的乙方一行的空格里写上“0”,表示此时已换由乙发球。同样乙方每胜一个回合就得一分。如果乙发球输了,又换成甲发球,裁判员必须在乙的最后一个得分数,甲方一行的下一个空格里重复写上甲方刚才的得分数。这样可以看出,在同一局里甲、乙双方的得分数不是上下重叠的,裁判员也很容易地从记分表上看到,最后一个分数在哪一行,这一行的运动员就是当时的发球方。如果该局比赛有“加分”,就应在“10”(女子单打)或“14”(除女子单打以外的以15分为一局的比赛项目)处做个记号,表明是选择了“加分”。在一局比赛结束,应上下写上最后比分,并在分数外画个圈。第二局比赛开始应该另起一行。整场比赛结束写上胜方姓名和队名,团体赛可以只写队名,在表上方的运动员姓名之间的三个空格中填写每局的比分,最下一行比分要将胜方的分数写在前面。不要忘记填写比赛结束时间,因为该场比赛的某运动员如还要参加比赛,裁判长将以该场的结束时间为依据,给该运动员以合理的休息时间。最后,裁判员在记分表上签名后交裁判长审核。

3. 双打记分

双打比赛的记分方法与单打基本相同,只是在发球方失去第一发球权时,在最后一个分数上画个点或画个×表示已是第二发球,这样可以清楚地向裁判员提示,发球方再输就应换发球了。当发球方是第二发球时,裁判员每次报分后都加报“第二发球”,记录和报分两者的配合,裁判员就不容易犯发球顺序错误了。

八、裁判员在发球期的工作

从发球开始到发球结束的一段时间为发球期(详见发球裁判员)。在有发球裁判员时,宣判发球违例是发球裁判员的职责(见发球裁判员),裁判员主要是负责看接发球员在接发球时是否违例,但作为一场比赛的主持者,裁判员仍应注意发球员的发球情况,这样在解答运动员提出申诉时,才能有自己的观点依据,才能有力地支持发球裁判员的判决,或遇有特殊情况可向裁判长提出自己的看法。再则,作为裁判员,要能准确判断接发球员的违例,如接发球员的脚是否提前移动,就一定要确切地知道发球的开始时间和结束时间,因此,裁判员在注视接发球员的同时,眼睛的余光要能看到发球员的整个发球动作。发球时,发球员做了挥拍动作但未击中球为违例,将失去该次发球权,而不是重发球,这是裁判员宣判的职责。

1. 接发球员脚违例

接发球员在接发球时,应站在规定的发球区内,任何一脚不能踩线或触线,这一情况比较容易看清和宣判,但裁判员一定要在发球员开始挥拍发球后才能宣判。在发球员的球拍开始挥动到击中球之间的一段时间里,接发球员的任何一脚不能提起或移动。这一违例多数发生在双打比赛中。因双打比赛时,发球员大都是以发近网球为主,接发球员如果在发球员的球拍击中球前即提前向前移动,当来球刚过网时就能在高处实施扑杀,给发球员造成很大威胁。由于发球员的球拍击中球和接发球员脚的起动都是在极快的瞬间发生的,所以裁判员一定要把发球员和接发球员双方的整个动作同时尽收眼底,才能作出准确的判断。当然在单打比赛接发高远球时,有些运动员有习惯性提前后退的现象,从规则条文分析属违例,但在实际临场判罚中不判的居多。如果是明显提前移动,应宣判“违例”。作为同一名裁判员,判罚尺度应该一致,不能一般情况下没有判罚(尽管很多人对此不会有意见),而在比赛关键时却判罚(虽然也符合规则)。这是裁判员判罚尺度不一、不公正的表现。

2. 接发球员的干扰

在发球员发球时,接发球员不能以任何行动或叫喊干扰发球员的发球。比较常见的接发球干扰,是接发球员在双打比赛接发球时,站在贴近前发球线处高举并不停地晃动球拍,威胁发球员发近网球。如果单是高举球拍这是允许的,问题是不能摇晃球拍。双打比赛发球时,发球员和接发球员的同伴可以站在本方场区的任何位置,但发球员和接发球员的同伴都不能因此而影响对方发球员或接发球员的视线,否则就属于"干扰"违例。在实际比赛中,这种情况往往是由视线被挡的接发球员提出后,裁判员提醒发球员的同伴移动位置,不要遮挡接发球员的视线。一般来说发球方是会听从裁判员的劝告的,如不服从裁判员的劝告,就应判违例。

3. 双打比赛接发球

只有站在发球员斜对面发球区的接发球员能接发球,如果接发球员的同伴回击了发来的球,或不等球落地在空中就用拍或手将球接住,都属违例,哪怕发来的球非常明显地飞入错误的接发球区,也只能等球落到地上,才算发球出界。

4. 发球区错误(发球、接发球方位顺序错误)

对这一情况的判断与处理是羽毛球裁判工作的难点之一。如错误的发生是在发球前期,此时能及时发现错误并纠正,可免去不少麻烦;一旦球发出,裁判员就不能停止比赛来纠正错误,而一定要等成了死球后再行处理。发球区错误包括:

(1) 发球员站在错误的发球区发球,如应站在右发球区发球的,却站在左发球区发球。

(2) 发球顺序错误,是指不该轮到发球的运动员发了球。在双打比赛时，一方多了一次发球权或少了一次发球权。例如，一方失去了第一发球后本应还有第二发球，但裁判员报了换发球；一方第二发球时输了，本应换发球，裁判员却报第二发球。又如甲与乙单打比赛，4 比 4 甲方发球胜了该球应为 5 比 4，但裁判员误以为是乙发的球，所以仍报了“换发球 4 比 4”，这也是发球顺序错误。

(3) 双打比赛时，接发球方顺序错误。双打比赛的接发球方只有顺序错误没有方位错误。例如，甲方从右发球区发球，此时，应该是乙 1 在右发球区接发球，而实际是乙 2 站在右发球区接发球，接发球区没错，但是接发球员错了，这属接发球顺序错误。裁判员对发球区错误的处理如下：

错误发球时间	错方胜	错方输
下一次发球前发现	纠正错误重发球	不纠正错误直到该局完了
下一次发球后发现	不纠正错误直到该局完了	

双方同时产生发球区错误的处理方法是，在下一次发球前发现，纠正错误重发球；在下一次发球后发现，错误不再被纠正，直至该局完了。

在实际比赛中，有些裁判员由于裁判工作方法和经验的问题，造成对场上出现的发球区错误不能及时发现或纠正，任由运动员随时变动，或者裁判员在错误产生了几次后才发现，又去纠正错误，使场上的发球方位和顺序处于混乱无序的失控状态。正确使用记分表，并且在球发出前及时检查，发球区错误是完全可以避免的。

5. 接发球员未做好准备

发球员在接发球员未做好准备时把球发出，应判作“重发球”。但是若接发球员已作了还击，则应认为已经做好准备。在双打比赛中，有关接发球员是否做好准备的情况比较多见，裁判员要凭自己的经验才能区分什么情况是接发球员没做好准备，什么情况是接发球员判断球将落在界外而没还击。

6. 发球员发球挥拍未击中球

遇有发球员挥拍未击中球，待球落地后裁判员报“违例”。

7. 发球球过网时擦网

羽毛球比赛发球时球擦网过网与不擦网过网一样处理。如果球擦网顶过网后落在规定的发球区内仍为有效；球擦网顶过网后，落在规定的发球区外为“界外”。注意，不是作重发球处理。

8. 发球方和接发球方同时被判违例

应判重发球。如：发球裁判员判发球员，“发球过手”违例，裁判员判接发球员提前移动“脚违例”，此时裁判员应判“重发球”。

九、裁判员在死球期的工作

死球期比赛的双方处于相对平静状态，但裁判员的水平高低、控制全场的能力却可在此时表现出来。

1. 记录

一旦成死球后，在记分表上立即记上比分或第二发球记号，有时需做些特殊记录。许多经验不足的裁判员往往急于先报分，并只顾眼睛看着记分表记录，而此时发球员却因裁判员已报过分就把球发出，使裁判员陷入困境和被动之中。因为忙于记录而自己没能顾及场上情况，对于发球员和接发球员的违例都将失控。如果是裁判员未报分，发球员把球发出，裁判员报“重发球”就显得顺理成章了。

2. 及时宣报

做完记录后，裁判员应尽快地宣报比分（或换发球及比分）。发球员只有在裁判员报分后才能发球，掌握报分的时间和节奏是很有讲究的，既不能让发球员等待太久，也不要使自己处于慌乱之中。裁判员处理好记录和宣报这两项互有关连的工作十分重要。

一般的顺序是，第一步先宣判哪一方胜该一回合（发球裁判员宣报发球违例、司线裁判员判决球的落点、裁判员自己报界外、裁判员报“违例”或“重发球”等）；第二步裁判员在记分表上做记录；第三步裁判员宣报比分。如果是明显地球落在界内成死球，裁判员不必宣判，就可以直接先做记录，再宣报。

3. 比分显示

裁判员要随时注意比分显示器，发现比分或发球顺序显示错误则要立即纠正，然后再继续比赛，如果发现错误时球已被发出，则等死球后再纠正。

4. 运动员要求换球的处理

一方球员要求换球首先应向裁判员提出，如果双方运动员都同意换球，正常情况下裁判员不应拒绝；如果只有一方要求换球而另一方拒绝换球，此时裁判员一定要先察看球然后再作决定。如果羽毛有折断、球体明显变形就应予以更换，如果球的整体完好就应继续使用。必要时可以试球的速度有无明显改变，或飞行时是否摇晃再作决定。但通常裁判员不必试球就可以作出决定。当裁判员认为运动员频繁地提出换球是为了借机喘息恢复体力，则应拒绝换球的要求。当比分处于关键时，为了避免比赛节奏被故意停顿，裁判员也可视情况拒绝运动员的换球要求，但是裁判员看到球体确实受损时，任何时候都不应拒绝运动员的换球要求。为保证比赛的连续性，不给运动员以换球的机会取得休息时间，当换新球后不允许试球。在只有一方运动员提出球速太快或太慢时，裁判员可予以否定。如果双方运动员都提出球速太快或太慢，裁判员自己也感到球速有问题时，应向裁判长报告。

5. 运动员要求换拍的处理

比赛中拍弦断裂，运动员可以换拍；裁判员应接受运动员提出的换拍要求，运动员换了球拍可以允许试打一下后，然后立即恢复比赛。当球在来回对击时，运动员跑到场边换一只球拍继续比赛是允许的,这种情况在双打比赛时可能发生。

6. 运动员要求擦汗和喝水的处理

比赛中运动员需要擦汗是合理的要求,但要经裁判员的许可后方能到场地边擦汗和喝水,裁判员在同意一方运动员要求时,同时要示意对方球员。裁判员要控制运动员擦汗和喝水时间,不能拖得太久,必要时报“比赛继续进行”以催促运动员尽快恢复比赛。裁判员应根据具体情况拒绝借擦汗或喝水来恢复体力或改变比赛节奏的要求,如在对方连续得分时频繁要求喝水或擦汗,或在比赛的关键时刻提出此要求。

7. 运动员要求擦地的处理

在运动员摔倒在地有汗湿的情况时,裁判员应主动召唤擦地员擦干地面;在运动员的汗水撒落在场地较多、运动员提出要求擦地时,裁判员应召唤擦地员擦地;在场地确实有汗水的情况下,即使裁判员认为运动员有要求擦地而借机休息之嫌,也不能拒绝其擦地的要求,只是要求擦地员的动作要快些,不使比赛中断太久。

8. 遇有意外事故的处理

在此时间,裁判员要注意全场的情况,发现问题在发球员发球前及时处理,例如,场地线有缺损、场地旁的门未关有风影响比赛、网高变化等等。

9. 运动员受伤的处理

比赛时发生运动员受伤,裁判员的处理步骤是,首先问该受伤运动员情况如何,是否需要医生。如果伤情不重,比赛很快恢复;如果运动员要求医生,裁判员应举手要求裁判长进场地(裁判长将带领医生进入场地)。裁判员此时应在记分表上记下当时的比分、发球员、发球顺序和时间,并启动秒表随时向裁判长报告时间,在裁判长的协助下宣布比赛恢复进行或宣布受伤运动员退出比赛(详见裁判长工作)。

10. 运动员提出申诉的处理

运动员申诉的范围是只能就规则问题向裁判员提出申诉,裁判员应在下一次发球前对申诉作出回答,有必要时提交裁判长处理。运动员应该服从裁判员对事实作出的判决。运动员对司线裁判员所作的判决如有问题只能向裁判员提出,而不能与该司线裁判员争辩,遇有争辩时裁判员应该予以制止。情况严重要按“行为不端”处理。发球员对发球裁判员所判的违例可以要求发球裁判员表明是哪一发球违例,但不能争辩,遇有争辩时裁判员也应予以制止,情况严重的按“行为不端”处理。对于运动员的申诉,裁判员首先要听清楚,在国际比赛时由于语言问题,更应该仔细了解运动员提出的确切意思后再行处理。

11. 运动员延误比赛的处理

发球员或接发球员在球成死球后在场上兜圈子,未经裁判员的允许离开场地喝水、擦汗等来拖延时间而迟迟不作发球或接发球的准备,以此来喘息,恢复体力,这些都是破坏比赛连续性的行为。在初犯程度较轻时,裁判员应提醒该运动员注意,而不必马上予以警告,但一定要有所表示,决不可听之任之。比如,运动员在场上兜圈子时,裁判员就可报“比赛继续进行”;运动员未经许可而离场擦汗时,裁判员就应对该运动员说“要离场擦汗,请先告诉我”。在裁判员提醒过后,运动员屡犯或情节严重的,裁判员应执行规则第16条“比赛连续性、行为不端及处罚”的规定。裁判员还需根据具体情况灵活掌握,当比赛进行了一个很长的多拍回合后,双方运动员适当地延长间隙时间是可被允许的(大约10秒钟以内),裁判员认为比赛必须进行时,可报“比赛继续进行”来催促双方做好发球和接发球的准备。如果一方已做好准备,对方也应立即做好相应的准备,不可延误时间。

12. 运动员行为不端的处理

任何不礼貌的行为和举止都是行为不端。具体举例如下:

故意影响改变球的速度：运动员以拍柄或肘部捅羽毛球或用手指把羽毛向外弯折使球的口径增大以减慢球速或用手勒小羽毛口径以加快球速，都是故意改变球速，属于行为不端，裁判员除了按行为不端处理外，应更换新球。

用球拍击打网：运动员对自己的击球失误或对裁判员的判决不满，以球拍击打球网来发泄自己的情绪。

故意把球使劲打向场地：运动员对判决不满，或裁判员没有同意他换球的要求时往往有此表现。

抛扔球拍：运动员以抛球拍或以球拍击打场地来发泄自己的情绪。这是很危险的行为，常会导致他人受到伤害。

不礼貌动作：裁判员应该制止运动员在打了一个成功的好球后，握拳向对方示威。

不礼貌语言：在场上对别人或对自己骂粗话都是不允许的。

不服从判决与裁判无礼纠缠：运动员在裁判员对他提出的申诉作了解答后，仍拒不继续比赛。

场外指导：除了在第一局与第二局之间和第二局与第三局之间的间歇时间外，运动员都不可以接受场外指导。当裁判员不能控制时应该报告裁判长。

对犯有以上各种行为的，裁判员应视情节轻重程度按规则予以相应的处罚，对情节较轻的予以提醒；对明显的“延误比赛和行为不端”予以警告；对已警告过又再犯的或情节严重的判违例；对判过违例又犯或情节特别严重的判违例并报告裁判长，裁判长有权取消违反方的比赛资格。裁判员应把所有执行处理“比赛连续性、行为不端及处罚”这一规则的情况记录在记分表上。

13. 比赛暂停

裁判员是惟一有权暂停比赛的裁判。当比赛因各种原因而暂停时，裁判员应记下当时的比分及发球顺序和发球员，在有需要时启动秒表。

14. 90 秒间歇

在第一局和第二局之间双方运动员有不超过 90 秒的休息时间,时间是当第一局最后一个球成死球时,裁判员立即启动秒表,在此期间运动员只能在场地边休息,教练员可以到场地边对运动员进行指导。在时间过了 70 秒时,裁判员应报“×号场地还剩 20 秒”,运动员应立即进入场地,开始第二局的比赛。

15. 5 分钟间歇

在第二局比赛结束,双方局数为 1 比 1 时,在第二局与第三局之间,双方运动员有不超过 5 分钟的间歇。裁判员的工作方法是,当第二局最后一个球成死球时,裁判员应报“第二局比赛结束”并立即启动秒表,报“×号场地 5 分钟间隙”。当时间过了 3 分钟时,裁判员报“×号场地还有 2 分钟”,并重复一至两次;当时间过了 4 分钟时,裁判员报“×号场地还有 1 分钟”。如果运动员还未回到场地边,裁判员也应重复报一至两次。在“5 分钟间隙”这段时间内,运动员可以离开场地休息,但裁判员要注意双方运动员的去向,在间歇时间还剩 2 分钟时,运动员应该回到场地边,如果运动员还未出现在场地边,裁判员可请发球裁判员或裁判长协助召唤运动员。当间歇时间只剩 1 分钟时,运动员应立即进入场地开始第三局的比赛。要注意是不超过 5 分钟的间歇,而不是一定要休息满 5 分钟,如果时间还未到,但双方运动员已做好第三局开始的准备,那么裁判员就应该宣报第三局比赛开始。所以在不超过 5 分钟间歇的这段时间里,是运动员“5 分钟间隙”,而不是裁判员的“5 分钟间隙”。在此时间内,该场地的所有裁判人员都不能离开场地,裁判员仍应坐在裁判椅上,做第三局比赛的准备工作,如检查场上比赛球的数量,记分表余下的空格是否够用,让司线裁判员站起活动放松一下,等等。如果裁判员此时需要喝水,可请发球裁判员帮忙。

16. 交换场区

羽毛球比赛第一局结束时，双方需交换场区进行第二局的比赛；如果局数打成 1 比 1 时，在第三局开始前双方也应交换场区；在第三局比赛中，当领先一方得分数达到 8 分时(15 分为一局的比赛)或 6 分时(11 分为一局的比赛)或 11 分时(21 分为一局的比赛)，双方应再交换场区。裁判员宣报交换场区后，要提醒运动员带好各自的备用球拍和其他物品，并要注意运动员姓名牌和记分显示是否也作了相应的变动。如果裁判员和运动员都忘了在规定的时间交换场区，一经发现后应立即交换，所得分数有效。

十、裁判员的具体手势(图示)

停止练习

换发球（指向发球方）

第二发球、连击

持球、拖带

触网

过网击球

暂停

方位错误

得分

第五节 发球裁判员的职责与裁判方法

一、发球裁判员的职责

发球违例的宣判是羽毛球临场裁判工作中的难点，经常容易引起比赛双方的争议。发球裁判员对羽毛球竞赛规则中有关发球条款正确的理解要有扎实的理论基础，对规则的细节和精髓要能结合实际并正确运用。为此，在临场执裁中必须做到三个一样：对任何运动员（有名与无名、高水平与低水平、熟悉与不熟悉）的“发球违例”判罚都是一样的尺度；从一场比赛的开始到结束都是一样的尺度；双方比分悬殊时和双方比分接近时都是一样的尺度。

发球裁判员通常坐在裁判员对面网柱旁的矮椅上，使视线基本与发球员的腰部持平。根据需要也可以坐在裁判员同侧，在视线被挡而不能看清发球员的发球动作时，可以挪动位置，直至能看清发球员的发球动作为止。

1. 宣判发球员在发球时的违例

当看到并肯定发球员发球违例时，立即大声报“违例”，并使用发球裁判员五个手势中相应的一个手势表明是何种发球违例。裁判长和裁判员都不能否决发球裁判员作出的判决。

2. 协助裁判员检查场地、器材

进场地后,协助裁判员检查网的高度、记分显示及暂停标志等。

3. 协助裁判员管理羽毛球

只有在裁判员示意换球时,发球裁判员才将新球换给运动员,要注意将新换的球交给发球员,而不要给接发球方,以免延误比赛时间。当运动员离发球裁判员较远、发球裁判员需将球抛给运动员时,要注意不能把手举起从高处掷向运动员,因为这是不礼貌的。正确的方法是用手心和四个手指托着整个羽球,大拇指放在球心中央,球托向前,从下向上的方向把球抛向运动员。经过练习,使用这种方法可以将球准确地抛到较远的距离。

4. 放置暂停标志

在局数成1比1时,根据裁判员的决定,放置暂停标志在场地中央网底下;当裁判员示意时,再撤出暂停标志。

二、发球裁判员裁判方法

1. 发球裁判员的视角

从发球员准备发球时开始直止发球结束,发球裁判员一定要面向发球员,精神集中,全神贯注地正视发球员,让发球员、接发球员以及所有在场的其他人员意识到,发球裁判员正在认真地履行他的职责,这样发球裁判员作出的判决才能让人信服。

2. 发球裁判员的宣报时间

发球是一个相当快的过程,而发球员的故意违例又往往带有偷袭性,更是发生在一瞬间,发球裁判员如果宣判稍慢,就几个来回过去了。所以发球裁判员在发球员发球时,时刻都要准备报"违例"。一旦发球裁判员宣报发球"违例",一定要声音响亮,让裁判员和运动员都听到,如果裁判员没听到,比赛还在进行,发球裁判员可以站起来,再次大声宣报,直至裁判员报"发球违例"。

3. 发球裁判员的手势

在宣报发球违例和做手势表明是何种发球违例时，发球裁判员一定要面向发球员，在发球员询问是何种违例时，发球裁判员应果断地再次重复违例的手势，不应回避。下面是发球裁判员宣报发球违例时所做的手势。

击球瞬间，球拍杆未指向下方，整个拍头明显低于发球员的整个握拍手部(图 6-7)；击球瞬间，球的整体未低于发球员的腰部(图 6-8)；不正当的延误发球的击出。一旦双方站好位置，发球员的球拍头第一次向前挥拍即为发球开始，挥拍必须继续向前(图 6-9)；发球击出前，脚不在发球区内、触线或移动(图 6-10)；最初的击球点不在球托上(图 6-11)。

图 6-7

图 6-8

图 6-9

图 6-10a

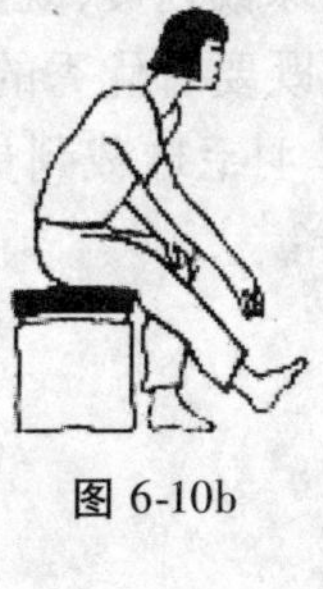

图 6-10b

图 6-11

4. 严格控制发球违例

从比赛一开始时，只要发现有发球违例时就一定要果断地予以宣判，只有这样才能控制住发球员的发球。否则，当比赛进行到比分接近或关键时刻出现发球违例，发球裁判员此时再判此发球违例，就会显得前后尺度不一致，如果不判，双方的发球违例将失去控制，发球裁判员也就陷入极度的被动。有的发球裁判员对发球员的多次发球违例是否能判，感到疑惑。这是错误的，应该是凡是能肯定的“发球违例”，都必须毫不犹豫地予以宣判，否则是对接发球方的不公正。

5. 如何掌握判罚“发球违例”的尺度

羽毛球竞赛规则对发球员发球时的种种限制，其主要精神是不让发球员在发球时取得便利，但在条款的执行中也还是有难度的。譬如发球时，“当击中球的瞬间球的任何部分必须低于发球员的腰部”，腰部没有一条明显的判别界线，而运动员的衣服又遮着腰部，所以发球裁判员在判断发球是否“过腰违例”时，也是根据自己的感觉和经验。

6. 公平判罚不搞平衡

千万不要在判发球违例中搞平衡。如果在判了一方发球违例后，就一定也判另一方发球违例，做到两边都不得罪。这一做法既是两边不讨好，又显得裁判水平低。

发球裁判员的裁判水平是衡量一名羽毛球裁判员业务水平高低的重要方面。作为合格的发球裁判员，既要有竞赛规则的理论基础，又要有丰富的临场经验；既要有优秀的道德品质修养，又需具备良好的心理素质。这都是羽毛球裁判员晋升和考核的重要内容。

第六节 司线员的手势要求

司线员应坐在他所负责的延长线上，最好面向裁判员，在实际安排时，司线员的位置与场地的理想距离约2.5米至3.5米。

当球落在界外，应立即大声清晰地报“界外”，使运动员和观众都能听清，同时双臂侧举，使裁判员能看得清楚(图6-12)；

如果球落在界内，只用手指向界内(图6-13)；

如果视线被挡住，应立即举起双手，盖住眼睛(图6-14)。

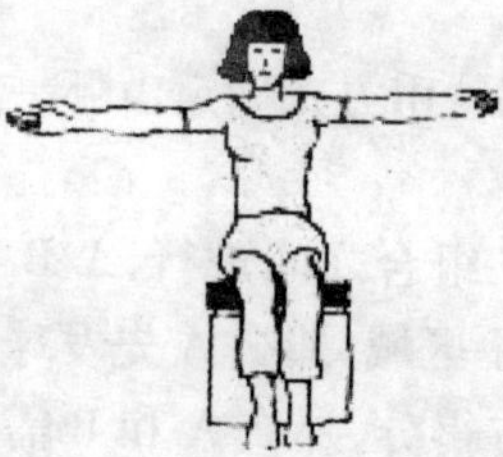

图 6-12

图 6-13

图 6-14

第七节 国际羽联21分制规则解释

国际羽联已宣布从2006年2月1日起正式实行21分制新规则。2006年4月底在汤姆斯杯、尤伯杯比赛期间，国际羽联召开全体会员大会投票决定了将“3×21”作为永久性的计分系统。

国际羽联新的计分规则最大变化是取消了发球得分制，实行每球得分制，另外将所有单项的每局获胜分统一定为21分。新的计分规则具体规定如下：

单打比赛：

1. 每场比赛采取三局两胜制；

2. 率先得到21分的一方赢得当局比赛；

3. 如果双方比分打成20比20，获胜一方需超过对手2分才算取胜；

4. 如果双方比分打成29比29，则率先得到第30分的一方取胜；

5. 首局获胜一方在接下来的一局比赛中率先发球；

6. 当一方在比赛中得到11分后，双方队员将休息1分钟；

7. 两局比赛之间的休息时间为2分钟。

双打比赛特殊规定：

1. 改双发球权为单发球权；

2. 后发球线保留，现行规则适用；

3. 比赛开始前，双方选手通过投掷硬币方式确定由哪一方来选择是先发球或后发球。

如果双方在A/B一对组合和C/D组合之间进行，A/B一方选择先发球。假如说A站在两人的右手区域，那么A先发球给对角线位置上的C(假设)，如果A/B一方得分，那么A和B需要交换彼此的站位区，仍由A来发球，将球发给D(A/B一方得分，C和D两人不换位置)；

如果此时C/D一方得分，那么双方四名队员都不换位置，发球权交给C/D一方，由刚才接发球的D来发球，D发球给对方刚才发球的选手A；

如果D发球后C/D一方得分，那么C和D交换位置继续由D发球给B；如果D发球后得分的是A/B一方，那么双方队员不用换位，发球权交给B。

总的来说双打比赛除了改一方两次发球权为一次发球权之外，其他规则与原规则类似，没有太大变化，球迷看球时不会感到不适应，也许比赛进行速度和分数增长速度加快才是观众初看比赛最不适应的。

第八节　羽毛球比赛用表

一、羽毛球团体赛出场名单表

(　　)子团体赛出场名单表

级别________ 日期________ 时间________ 场号________

________队　对　________队

顺　序	项　目	运动员姓名
1		
2		
3		
4		
5		

队名__________　　　教练员签名__________

二、混合团体赛出场名单表

混合团体赛出场名单表

级别________ 日期________ 时间________ 场号________

________队　对　________队

顺　序	项　目	运动员姓名
1	男子单打	
2	女子单打	
3	男子双打	
4	女子双打	
5	混合双打	

队名__________　　　教练员签名__________

三、羽毛球团体赛记分表

(　　)团体赛记分表

______队

对

______队

阶段	组别(位置号)	日　期	时　间	场　号

姓名 / 单位 / 项目		队	队	每局比赛			每场结果	裁判员签名
				1	2	3		
1								
2								
3								
4								
5								

比赛结果________ 获胜队________ 教练员签名________

四、羽毛球比赛记分表

羽毛球比赛记分表

项目＿＿＿＿＿＿
场号＿＿＿＿＿＿
日期＿＿＿＿＿＿

对

开始＿＿＿＿＿＿
结束＿＿＿＿＿＿
比赛用时＿＿＿＿＿＿
裁判员＿＿＿＿＿＿
发球裁判员＿＿＿＿＿＿

裁判员＿＿＿＿＿＿　裁判长＿＿＿＿＿＿

第七章　重要赛事和著名球队、优秀运动员介绍

第一节　国际羽毛球重要赛事介绍

一、世界羽毛球锦标赛

世界羽毛球锦标赛是国际羽毛球联合会在继汤姆斯杯和尤伯杯赛后,为了适应世界羽毛球运动日益发展的需要,而设立的一种以个人单项为竞赛项目的羽毛球锦标赛。

1934 年,国际羽毛球联合会在英国成立,这是第一个世界性的羽毛球组织。1978 年,世界羽毛球联合会成立。在两个组织联合之前,国际羽联于 1977 年和 1980 年,而世界羽联在 1978 年和 1979 年各自举行了两届世界性的羽毛球单项比赛。1981 年,两个国际性羽毛球组织宣布联合,名称仍为国际羽毛球联合会。在联合会上协商决定,每两年举行一次世界羽毛球单项比赛,即世界羽毛球单项锦标赛(Individual World Championships),并延续两个国际羽毛球组织以前的届数。1983 年,在丹麦首都哥本哈根正式举行了第三届世界羽毛球单项锦标赛。此项赛事进行 5 个单项的比赛,即男女单打、男女双打和混合双打。所有项目的冠军都将获得金牌,亚军得银牌,半决赛的负者得铜牌。

1988 年,国际羽联决定世界羽毛球单项锦标赛与新设立的苏迪曼杯赛同时同地举行。国际羽联根据当时的世界排名,邀请每

个项目中的前16名(对)运动员直接参加比赛。国际羽联的每个会员国和地区可以在每个项目中报名的运动员不得超过4名(对)。

历届世界羽毛球锦标赛成绩表

第一届(世界羽毛球联合会举办)

年份	地点	项目	姓名	国家/地区
1978年	泰国曼谷	男子单打	庾耀东	中国
		男子双打	庾耀东/侯加昌	中国
		女子单打	张爱玲	中国
		女子双打	张爱玲/李方	中国
		混合双打	比才/比芝隆	泰国

第二届(世界羽毛球联合会举办)

年份	地点	项目	姓名	国家/地区
1979年	中国杭州	男子单打	韩健	中国
		男子双打	孙志安/姚喜明	中国
		女子单打	韩爱萍	中国
		女子双打	巴达马/素莉蓬	泰国
		混合双打	吴俊盛/陈念慈	中国香港

第一届(国际羽毛球联合会举办)

年份	地点	项目	姓名	国家/地区
1977年	瑞典马尔默	男子单打	德尔夫斯	丹麦
		男子双打	梁春生/洪跃龙	印度尼西亚
		女子单打	科彭	丹麦
		女子双打	梅野尾悦子/上野惠美子	日本
		混合双打	斯科夫加尔德/科彭	丹麦

第二届(国际羽毛球联合会举办)

年份	地点	项目	姓名	国家/地区
1980年	印度尼西亚雅加达	男子单打	梁海量	印度尼西亚
		男子双打	张鑫源/纪明发	印度尼西亚
		女子单打	维拉瓦蒂	印度尼西亚

		女子双打	佩里/韦伯斯特	英国
		混合双打	纪明发/黄祖金	印度尼西亚

第三届

1983 年	丹麦哥本哈根	男子单打	苏吉亚托	印度尼西亚
		男子双打	弗拉特伯格/希里迪	丹麦
		女子单打	李玲蔚	中国
		女子双打	林瑛/吴迪西	中国
		混合双打	吉尔斯特罗姆/佩里	瑞典/英格兰

注：1981 年世界羽联与国际羽联合并，中国首次参加世锦赛。

第四届

1985 年	加拿大卡尔加里	男子单打	韩健	中国
		男子双打	朴柱奉/金文秀	韩国
		女子单打	韩爱萍	中国
		女子双打	韩爱萍/李玲蔚	中国
		混合双打	朴柱奉/柳尚希	韩国

第五届

1987 年	中国北京	男子单打	杨阳	中国
		男子双打	李永波/田秉毅	中国
		女子单打	韩爱萍	中国
		女子双打	林瑛/关渭贞	中国
		混合双打	王朋仁/史方静	中国

第六届

1989 年	印度尼西亚雅加达	男子单打	杨阳	中国
		男子双打	李永波/田秉毅	中国
		女子单打	李玲蔚	中国
		女子双打	林瑛/关渭贞	中国
		混合双打	朴柱奉/郑明熙	韩国

第七届

1991 年	丹麦哥本哈根	男子单打	赵剑华	中国
		男子双打	朴柱奉/金文秀	韩国
		女子单打	唐九红	中国
		女子双打	农群华/关渭贞	中国
		混合双打	朴柱奉/郑明熙	韩国

第八届

1993 年	英国伯明翰	男子单打	佐戈	印度尼西亚
		男子双打	苏巴吉亚/郭宏源	印度尼西亚
		女子单打	王莲香	印度尼西亚
		女子双打	农群华/周雷	中国
		混合双打	伦德/本特松	丹麦/瑞典

第九届

1995 年	瑞士洛桑	男子单打	阿尔比	印度尼西亚
		男子双打	苏巴吉亚/迈纳基	印度尼西亚
		女子单打	叶钊颖	中国
		女子双打	吉永雅/张惠玉	韩国
		混合双打	伦德/托姆森	丹麦

第十届

1997 年	英国格拉斯哥	男子单打	拉斯姆森	丹麦
		男子双打	西吉特/陈甲亮	印度尼西亚
		女子单打	叶钊颖	中国
		女子双打	葛菲/顾俊	中国
		混合双打	刘永/葛菲	中国

第十一届

1999 年	丹麦哥本哈根	男子单打	孙俊	中国
		男子双打	金东文/河泰权	韩国

		女子单打	马尔廷	丹麦
		女子双打	葛菲/顾俊	中国
		混合双打	金东文/罗景民	韩国

第十二届

2001年	西班牙塞维利亚	男子单打	叶诚万	印度尼西亚
		男子双打	吴俊明/哈林	印度尼西亚
		女子单打	龚睿那	中国
		女子双打	高崚/黄穗	中国
		混合双打	张军/高崚	中国

第十三届

2003年	英国伯明翰	男子单打	夏煊泽	中国
		男子双打	帕斯克/拉斯姆森	丹麦
		女子单打	张宁	中国
		女子双打	高崚/黄穗	中国
		混合双打	金东文/罗景民	韩国

第十四届

2005年	美国洛杉矶	男子单打	陶菲克	印度尼西亚
		女子单打	谢杏芳	中国
		男子双打	吴俊明/白国豪	美国
		女子双打	杨维/张洁雯	中国
		混合双打	维迪安托/纳西尔	印度尼西亚

二、尤伯杯赛（世界女子羽毛球团体锦标赛）

尤伯杯赛是当今最重要的羽球队团体赛之一，代表女子羽球队的最高水平。

尤伯全名为贝蒂·尤伯夫人（Betty Uber），是英国30年代著名女子羽毛球选手，从1930年至1949年间，她曾多次夺得全英羽毛球锦标赛的女子单打、女子双打和混合双打比赛的冠军。尤伯夫人退役后仍对羽毛球运动情有独钟，为推动羽毛球运动的发展，她在1956年的国际羽联理事会上，正式向国际羽联捐赠由麦皮依和维伯制作的纪念杯，即现在的尤伯杯（Uber Cup），并亲自主持了第一届尤伯杯比赛的抽签仪式。

此杯高18厘米，有地球仪样的体部，在球体顶部有一羽毛球样模型，此模型的上端站着一名握着球拍的女运动员。杯的底座的周围雕刻着这样的词句："尤伯夫人于1956年赠送国际羽毛球联合会组织的国际女子羽毛球冠军挑战杯"（图7-1）。

图7-1　世界女子羽毛球团体奖杯尤伯杯

尤伯杯赛又称为"世界女子羽毛球团体锦标赛"。1956年举行第一届，每场团体赛由三场单打和四场双打组成。从1984年第十届开始改为与汤姆斯杯同时、同地进行，采用五场三胜制的比赛方法。

历届尤伯杯赛（世界女子羽毛球团体锦标赛）成绩表

届次	冠军	时间	届次	冠军	时间
1	美国	1956—1957	11	中国	1986
2	美国	1959—1960	12	中国	1988
3	美国	1962—1963	13	中国	1990
4	日本	1965—1966	14	中国	1992
5	日本	1968—1969	15	印度尼西亚	1994
6	日本	1971—1972	16	印度尼西亚	1996
7	印度尼西亚	1974—1975	17	中国	1998
8	日本	1977—1978	18	中国	2000

9	日本	1980—1981	19	中国	2002
10	中国	1984	20	中国	2004
			21	中国	2006

三、汤姆斯杯赛（世界男子羽毛球团体锦标赛）

汤姆斯杯赛是最重要的羽毛球团体赛事之一，每两年举行，体现当今男子羽毛球的最高水平。

在1939年的一次国际羽联理事会上，时任国际羽联主席的乔治·汤姆斯(George Thomas)指出，组织全球羽毛球比赛的时机已经成熟。在这次会议上决定将举行世界男子羽毛球团体比赛，汤姆斯提出向这一世界性比赛捐赠一只奖杯，因此，将此杯命名为“汤姆斯杯”。

汤姆斯杯高28厘米，把手的宽距为16厘米，由底座、杯形和盖三部分构成，在盖的最上端有一个运动员的模型。此杯的前部雕刻有这样的词句：“乔治·汤姆斯·巴尔特于1939年赠送国际羽毛球联合会组织的国际羽毛球冠军挑战杯”（图7-2）。据说此杯在伦敦用白金铸成，当时价值5万英镑。

图7-2　世界男子羽毛球团体赛奖杯汤姆斯杯

乔治·汤姆斯曾是英国著名的羽毛球运动员，多次获得英国羽毛球冠军。他曾连续4次获得全英羽毛球锦标赛男子单打冠军，9次男子双打冠军，6次混合双打冠军。他21岁开始获得冠军，并且年年有冠军入账，他最后一次拿冠军时已41岁。1934年7月，国际羽联成立时，他被推选为第一任主席。

首届汤姆斯杯由于第二次世界大战的原因，推迟至 1948 年才举行，当时有 10 个国家和地区参加了比赛。汤姆斯杯为流动杯，每次比赛的冠军队将“汤杯”带回本国，保留至下届“汤杯”比赛开始。因此，汤姆斯杯比赛又称为“国际羽毛球挑战杯赛”。

从 1984 年起，此赛事改为每两年举行一届。比赛分为预赛、半决赛和决赛三个阶段，时间为决赛前一年的 11 月 1 日到决赛年的 6 月 30 日。6 支在相应区域进行半决赛而出线的队伍加上直接进入决赛的东道国和上届冠军共 8 支队进入决赛阶段的比赛。如果东道国是上届冠军，那么在区域半决赛中要出 7 个队进入决赛。8 支决赛队伍分成两个组比赛，每队参加五场比赛，以赢得分数多为胜利。如果分数一样，以赢得场数多排在前头。如果场数、局数仍然一样，就采取抽签的办法决定名次。所有参加比赛的队伍需在赛前 14 天选出 4 到 10 名运动员，按照当时的世界排名，列出第一单打、第二单打、第三单打、第一双打、第二双打及替补的运动员名单。每名运动员最多只能参加一场单打和一场双打比赛。绝对不允许世界排名靠前的选手担任后位单打或双打比赛任务。在已举行的 24 届比赛中，印度尼西亚 13 次捧杯，马来西亚 5 次得冠，中国 6 次获金牌。

汤姆斯杯比赛过去采用九场五胜制，即五场单打，四场双打，分两天进行。1984 年后比赛办法改为五场三胜制（在一个单位时间内进行），即三场单打，两场双打。比赛排序有 6 种，其目的是保证参加两项比赛的运动员起码有 30 分钟以上的休息时间。6 种排序如下：

(1) 1 单—2 单—3 单—1 双—2 双

(2) 1 单—2 单—3 单—2 双—1 双

(3) 1 单—1 双—2 单—2 双—3 单

(4) 1 单—2 双—2 单—1 双—3 单

(5) 1 单—2 单—1 双—3 单—2 双

(6) 1 单—2 单—2 双—3 单—1 双

没有兼项运动员的队伍按照第一种排序进行比赛。在预赛和半决赛中,采用第一种、第二种排序。在决赛阶段选择第三到第六的排序。

历届汤姆斯杯赛(世界男子羽毛球团体锦标赛)成绩表

届次	冠军	时间	届次	冠军	时间
1	马来西亚	1948—1949	13	印度尼西亚	1984
2	马来西亚	1951—1952	14	中国	1986
3	马来西亚	1954—1955	15	中国	1988
4	印度尼西亚	1957—1958	16	中国	1990
5	印度尼西亚	1960—1961	17	马来西亚	1992
6	印度尼西亚	1963—1964	18	印度尼西亚	1994
7	马来西亚	1966—1967	19	印度尼西亚	1996
8	印度尼西亚	1969—1970	20	印度尼西亚	1998
9	印度尼西亚	1972—1973	21	印度尼西亚	2000
10	印度尼西亚	1975—1976	22	印度尼西亚	2002
11	印度尼西亚	1978—1979	23	中国	2004
12	中国	1981—1982	24	中国	2006

四、苏迪曼杯赛(世界混合羽毛球团体锦标赛)

苏迪曼杯赛是当今最重要的羽毛球团体赛之一,为男女羽毛球混合团体赛。

羽毛球是印度尼西亚的"国球",苏迪曼杯是该国羽毛球协会代表本国人民向国际羽毛球联合会捐赠的一座奖杯。该杯的杯身由纯银铸成,外表镀有纯金,杯高 80 厘米、宽 50 厘米、重 12 公斤,该杯极富民族特色,象征着印度尼西亚人民对羽毛球运动的无限热爱。

苏迪曼是前印度尼西亚羽协主席。1922 年 4 月 29 日,他出生于印度尼西亚北苏门答腊省的一个小镇。从小学到中学,他在地区少年儿童羽毛球比赛中都名列前茅；到高中时期，他在全国已经小有名气；在读大学时（商科大学），他就成为非正式的全国冠军。在40年代，印度尼西亚还没有举行过全国比赛，而他已打败了能遇到的所有选手。他不但单打好，还同他的一个哥哥合作，多次拿过双打冠军。1958年作为主力队员，苏迪曼代表印度尼西亚首次参加了在新加坡举行的第四届汤姆斯杯比赛。在比赛中他充分发挥了自己的羽毛球运动天才，为印度尼西亚队首次夺得世界羽毛球男子团体冠军立下了汗马功劳。值得一提的是，当时的印度尼西亚政府和羽协资金短缺，连路费都拿不出来，在此困难之际，苏迪曼毅然卖掉了自己心爱的小轿车，将卖车的钱作为参加汤姆斯杯赛的费用全部无偿地捐献给印度尼西亚队。1951年，在苏迪曼的积极倡导下，印度尼西亚羽毛球协会正式诞生，苏迪曼被选为该协会首任主席。由于苏迪曼的忘我和卓有成效的工作，他连续22年当选印度尼西亚羽协主席。苏迪曼1973年被选为国际羽毛球联合会理事，1975年出任国际羽毛球联合会副主席，直至1986年去世。

苏迪曼去世之后，印度尼西亚羽协为了纪念他的功绩，特向国际羽联捐赠了一只造价为2700万盾（当时约合15000美元）的金杯，并将此杯命名为“苏迪曼杯”（Sudirman Cup）（图7-3）。

图7-3　世界混合羽毛球团体锦标赛苏迪曼杯

1986年，在国际羽联召开的理事会上第一次提出了举行混合团体赛的建议。1988年，国际羽联接受并指定了混合团体赛与单项锦标赛同时举行的事宜，并决定将苏迪曼杯作为混合团体赛的冠军奖杯。1989 年,在印度尼西亚同时举行了第一届苏迪曼杯赛和第六届世界羽毛球单项锦标赛,同时规定此项比赛每两年举行一届,逢双数年是汤、尤杯赛,单数年为苏迪曼杯赛。

苏迪曼杯比赛与世界锦标赛在同一地点举行,先进行苏迪曼杯比赛,紧接着进行世界锦标赛。苏迪曼杯比赛采用五场三胜制,由男子单打、女子单打、男子双打、女子双打和混合双打五个项目组成。自 1989 年首届苏迪曼杯比赛在印度尼西亚举行以来,至今共举行了 9 届。

历届苏迪曼杯赛(世界混合羽毛球团体锦标赛)成绩表

第一届				
时间	地点	冠军	亚军	季军
1989 年 5 月	印度尼西亚雅加达	印度尼西亚	韩国	中国、丹麦(并列)
第二届				
1991 年 4 月	丹麦哥本哈根	韩国	印度尼西亚	中国、丹麦(并列)
第三届				
时间	地点	冠军	亚军	季军
1993 年 5 月	英国伯明翰	韩国	印度尼西亚	中国、丹麦(并列)
第四届				
时间	地点	冠军	亚军	季军
1995 年 5 月	瑞士洛桑	中国	印度尼西亚	韩国、丹麦(并列)
第五届				
时间	地点	冠军	亚军	季军
1997 年 5 月	英国格拉斯哥	中国	韩国	印度尼西亚、丹麦(并列)
第六届				
时间	地点	冠军	亚军	季军
1999 年 5 月	丹麦哥本哈根	中国	丹麦	印度尼西亚、韩国(并列)

续表

第七届				
时间	地点	冠军	亚军	季军
2001年5月	西班牙塞维利亚	中国	印度尼西亚	韩国、丹麦（并列）
第八届				
时间	地点	冠军	亚军	季军
2003年3月	荷兰埃因霍温	韩国	中国	印度尼西亚、丹麦（并列）
第九届				
时间	地点	冠军	亚军	季军
2005年5月	中国北京	中国	印度尼西亚	韩国、丹麦（并列）

五、奥运会羽毛球比赛

奥运会是世界上最瞩目的一项大赛。国际奥委会与国际羽毛球联合会是两个不同的组织。它们互相配合、相互认可。国际羽联在1970年就着手准备进入奥运会的工作，直至1985年6月5日，在国际奥委会第90次会议上才决定将羽毛球列为奥运会的正式比赛项目。在1988年汉城奥运会上，羽毛球被列为表演赛并取得成功。在1992年的巴塞罗那奥运会上羽毛球被设立为正式比赛项目。奥运会羽毛球赛不仅是当今世界羽毛球运动最高水平的赛事，而且更具象征意义。1972年在慕尼黑举行的第二十届奥运会上，羽毛球也曾被作为表演项目举行。

在1992年巴塞罗那举行的第二十五届奥运会上，羽毛球项目设有男子单打、女子单打、男子双打和女子双打四个项目。这四个项目的优势主要在亚洲，而欧洲国家的选手更适合打混合比赛，所以，国际羽联与国际奥委会决定在1996年亚特兰大奥运会上增设羽毛球混合双打比赛项目，使得奥运会的羽毛球比赛项目更为丰富。由于羽毛球项目拥有5枚金牌，从而加入了奥运会奖牌大户之列，成为各国高度重视和激烈争夺的焦点项目之一。

国际奥委会对奥运会羽毛球项目参赛名额的选手有严格限制，比赛根据世界排名，选出前33名单打运动员、19对双打选手和17对混双选手直接参加奥运会。但每个项目中至少必须包括有五大洲的各1名运动员和1对选手。这些运动员必须是世界排名最前面的运动员。如果在世界排名中仍没有某洲的选手，则由在积分期间的最近一次洲比赛中的冠军选手出席。东道国应有不少于两名运动员参加比赛。每个国家和地区在1个项目中最多只能有两个席位。多出的席位让给排名后位的选手。

历届奥运会羽毛球比赛成绩表

第二十八届　2004年　雅典奥运会			
项目	金　牌	银　牌	铜　牌
男单	陶菲克（印度尼西亚）	孙升模（韩国）	索尼（印度尼西亚）
女单	张宁（中国）	张海丽（荷兰）	周密（中国）
男双	金东文/河泰权（韩国）	李东秀/柳镛成（韩国）	林培雷/徐永贤（印度尼西亚）
女双	杨维/张洁雯（中国）	高崚/黄穗（中国）	罗景民/李敬元（韩国）
混双	张军/高崚（中国）	罗伯森/埃姆斯（英国）	埃里克森/美蒂（丹麦）
第二十七届　2000年　悉尼奥运会			
项目	金　牌	银　牌	铜　牌
男单	吉新鹏（中国）	叶诚万（印度尼西亚）	夏煊泽（中国）
女单	龚智超（中国）	马丁（丹麦）	叶钊颖（中国）
男双	吴俊明/陈甲亮（印度尼西亚）	李东秀/柳镛成（韩国）	金东文/河泰权（韩国）
女双	葛菲/顾俊（中国）	杨维/黄楠雁（中国）	秦艺源/高崚（中国）

续表

混双	张军/高崚(中国)	特里古斯/许一敏(印度尼西亚)	阿彻/古德(英格兰)
第二十六届　1996 年　亚特兰大奥运会			
项目	金　牌	银　牌	铜　牌
男单	拉尔森(丹麦)	董炯(中国)	拉·西德克(马来亚西)
女单	方铢贤(韩国)	张海丽(印度尼西亚)	王莲香(印度尼西亚)
男双	里奇/雷西(印度尼西亚)	谢顺吉/叶锦福(马来西亚)	苏明强/陈金如(马来西亚)
女双	葛菲/顾俊(中国)	吉永雅/张惠玉(韩国)	秦艺源/唐永淑(中国)
混双	金东文/吉永雅(韩国)	朴柱奉/罗景民(韩国)	刘坚军/孙曼(中国)
第二十五届　1992 年　巴塞罗那奥运会			
项目	金　牌	银　牌	铜　牌
男单	魏仁芳(印度尼西亚)	威·阿迪(印度尼西亚)	托·劳尔森(丹麦) 苏桑托(印度尼西亚)
女单	王莲香(印度尼西亚)	方铢贤(韩国)	黄华、唐九红(中国)
男双	朴柱奉/金东文(韩国)	洪忠中/郭宏源(印度尼西亚)	李永波/田秉毅(中国) 拉·西德克/贾·西德克(马来西亚)
女双	黄惠英/郑素英(韩国)	关渭贞/农群华(中国)	吉永雅/沈恩婷(韩国) 林燕芬/姚芬(中国)
混双	—	—	—

注：1. 羽毛球项目自 1992 年以后才进入奥运会，比赛只设单项比赛，没有团体比赛。

2. 1992 年巴塞罗那奥运会不设混双项目，1996 年亚特兰大奥运会起增设混双项目。

3. 1992 年比赛进入半决赛后只决出冠亚军，1996 年起，决出第一、第二、第三、第四名。

六、世界羽毛球系列大奖赛

20 世纪 80 年代，全球经济迅速发展，加快了世界体育运动的步伐，许多羽毛球强国都加大了对羽毛球运动的投入，著名公司、企业也出资赞助不同层次的各类羽毛球比赛，世界羽毛球运动整体水平因此出现了迅猛提高的势头。为尽快适应并充分利用这一契机，国际羽毛球联合会于 1983 年及时地增设了世界羽毛球系列大奖赛，亦称世界羽毛球系列公开赛，为世界各国的羽毛球选手提供更多的参赛机会，并通过比赛扩大交流，提高球艺，从而促进世界羽毛球运动水平的提高。

世界羽毛球系列大奖赛比赛密度大，设置奖金高。目前国际羽毛球联合会每年举行的世界羽毛球系列大奖赛有近 20 个站的比赛，每站的比赛按照奖金的高低分为不同的级别。近年来各站比赛奖金数额上升势头增快，参赛的人数也越来越多。大奖赛主要分为以下几种：

竞赛名称	奖金数额（美元）	级别
世界羽毛球锦标赛	（每年视情况而定）	七星级
世界大奖赛总决赛	325000	六星级
马来西亚羽毛球公开赛	180000	六星级
印度尼西亚羽毛球公开赛	170000	六星级
世界杯羽毛球比赛	170000	六星级
美国羽毛球公开赛	150000	五星级
中国羽毛球公开赛	135000	五星级
全英羽毛球公开赛	125000	五星级
日本羽毛球公开赛	125000	五星级
香港羽毛球公开赛	125000	五星级
台北羽毛球公开赛	125000	五星级
韩国羽毛球公开赛	125000	五星级
泰国羽毛球公开赛	90000	四星级

新加坡羽毛球公开赛	90000	四星级
瑞士羽毛球公开赛	75000	三星级
丹麦羽毛球公开赛	60000	三星级
俄罗斯羽毛球公开赛	60000	三星级
德国羽毛球公开赛	60000	三星级
荷兰羽毛球公开赛	35000	二星级
加拿大羽毛球公开赛	35000	二星级
苏格兰羽毛球公开赛	35000	二星级
澳大利亚羽毛球公开赛	35000	二星级
瑞典羽毛球公开赛	35000	二星级

各国运动员可根据大奖赛级别的高低有选择地尽可能多地参加比赛,以求得更多的机会提高水平,并获得更高的积分和更好的排名。

世界羽毛球系列大奖赛赛制特殊,分为每年各站的系列大奖赛和当年年底的总决赛。其具体做法是:根据不同级别的各分站比赛设置相应不同的积分,国际羽毛球联合会将各参赛国选手当年在国际羽毛球联合会认可的各种比赛中获得的名次(单打进入前 64 名、双打进入前 16 名),按相应规定的计分标准及时进行累计积分统计,并于每年年底按照操作分的先后秩序排列出名次。大奖赛的级别越高,积分计分标准也越高。积分靠前的选手(男子单打前 16 名、女子单打前 12 名、男女双打和混合双打的前 6 名)均有资格参加每年年底举行的大奖赛总决赛的比赛,以决出当年世界羽毛球系列大奖赛的总名次。1985 年之前的系列大奖赛,总决赛只设有男子单打和女子单打两个项目的比赛,并要求分别决出各项比赛前四名的名次。1986 年开始,系列大奖赛总决赛增设了男子双打、女子双打和混合双打等三项比赛,并规定半决赛中的负方共同并列第三名,而不再赛出第四名。

每年在国际羽毛球大奖赛系列比赛中以世界羽毛球锦标赛,世界大奖赛总决赛,全英羽毛球锦标赛,世界杯赛,马来西亚、印度尼西亚、中国、中国台北、韩国、美国、丹麦等世界羽毛球公开赛最引人注目，几乎吸引了世界各国最优秀的选手参赛。

在世界羽毛球系列大奖赛中，全英羽毛球锦标赛最有特色，该项比赛是全世界最悠久、延续时间最长、举办届数最多、最具传统色彩的一项非正式的世界性羽毛球单项比赛。1899年，英国羽毛球协会创办了首届全英羽毛球锦标赛，起初参赛选手的范围仅限于本国公民，后来逐步扩展到整个英联邦国家，如今它已发展成为由国际羽毛球联合会承认的一项世界级的单项比赛。以前，全英羽毛球锦标赛于每年3月的最后一周在位于伦敦近郊著名的温布利体育中心举行，1993年英国伯明翰国家室内体育馆落成后，该现代化的体育馆成了这一英国“古老羽毛球大战”的新角逐场。全英羽毛球锦标赛除了第一、第二次世界大战期间被迫停办外，迄今为止共举办了93届。

七、世界杯赛

世界杯赛始于1981年，首届在马来西亚的吉隆坡举行，仅进行男子单打和女子单打两个项目的比赛，以后每年举行一次，自1983年起增为五项比赛。实际上，它是世界羽毛球精英赛，参赛人数为：男单16名、女单12名、男双8对、女双6对、混双6对，均由国际羽联和组委会根据世界排名邀请。比赛分两个阶段进行，先进行分组循环赛，再由单打4个小组的第一名、双打2个小组的前两名，分别进行单淘汰赛。世界杯赛于1997年后停办，2005年恢复比赛。中国队在18届比赛中获得金牌最多，居各国之首，印度尼西亚位居次席。

世界杯羽毛球赛历届冠军榜

年份	届次	项目	冠军(国籍)
1981 年	1	男子单打	普拉卡什(印度)
		女子单打	陈瑞珍
1982	2	男子单打	林水镜(印度尼西亚)
		女子单打	科彭(丹麦)
1983	3	男子单打	韩　健
		男子双打	朴柱奉/金文秀(韩国)
		女子单打	韩爱萍
		女子双打	韩爱萍/李玲蔚
		混合双打	迪亢/吉尔克斯(英格兰)
1984	4	男子单打	韩　健
		男子双打	林水镜/卡尔托诺(印度尼西亚)
		女子单打	李玲蔚
		女子双打	林　瑛/吴迪西
		混合双打	吉尔斯特罗姆(瑞典)/佩里(英格兰)
1985	5	男子单打	苏吉亚托(印度尼西亚)
		男子双打	林水镜/陈金德(印度尼西亚)
		女子单打	李玲蔚
		女子双打	林　瑛/吴迪西
		混合双打	纪明发/李英华(印度尼西亚)
1986	6	男子单打	苏吉亚托(印度尼西亚)
		男子双打	林水镜/叶忠明(印度尼西亚)
		女子单打	李玲蔚
		女子双打	李玲蔚/韩爱萍
		混合双打	洪忠中/维拉华蒂(印度尼西亚)
1987	7	男子单打	赵剑华
		男子双打	朴柱奉/金文秀(韩国)
		女子单打	李玲蔚
		女子双打	李玲蔚/韩爱萍
		混合双打	王朋仁/史方静

续表

年份	届次	项目	冠军(国籍)
1988	8	男子单打	杨　阳
		男子双打	李永波/田秉毅
		女子单打	韩爱萍
		女子双打	林　瑛/关渭贞
		混合双打	王朋仁/史方静
1989	9	男子单打	杨　阳
		男子双打	朴柱奉/金文秀(韩国)
		女子单打	王莲香(印度尼西亚)
		女子双打	林　瑛/关渭贞
		混合双打	朴柱奉/郑明熙(韩国)
1990	10	男子单打	吴文凯
		男子双打	拉·西德克/贾·西德克(马来西亚)
		女子单打	萨尔文达(印度尼西亚)
		女子双打	姚　芬/赖彩勤
		混合双打	郭宏源/罗西亚娜(印度尼西亚)
1991	11	男子单打	阿迪(印度尼西亚)
		男子双打	拉·西德克/贾·西德克(马来西亚)
		女子单打	黄　华
		女子双打	黄惠英/郑素英(韩国)
		混合双打	郭宏源/罗西亚娜(印度尼西亚)
1992	12	男子单打	佐戈(印度尼西亚)
		男子双打	谢顺吉/苏明强(马来西亚)
		女子单打	唐九红
		女子双打	姚　芬/林燕芬
		混合双打	郭宏源/罗西亚娜(印度尼西亚)
1993	13	男子单打	魏仁芳(印度尼西亚)
		男子双打	苏巴吉亚/迈纳基(印度尼西亚)
		女子单打	王莲香(印度尼西亚)
		女子双打	孙小青/马格努松(瑞典)

续表

年份	届次	项目	冠军(国籍)
		混合双打	阿克塞尔松/高尔斯(英格兰)
1994	14	男子单打	阿尔比(印度尼西亚)
		男子双打	谢顺吉/苏明强(马来西亚)
		女子单打	王莲香(印度尼西亚)
		女子双打	坦皮/菲纳西(印度尼西亚)
		混合双打	伦德/本特松(丹麦)
1995	15	男子单打	佐戈(印度尼西亚)
		男子双打	苏巴吉亚/迈纳基(印度尼西亚)
		女子单打	叶钊颖
		女子双打	泽琳/郑丽梦(印度尼西亚)
1996	16	混合双	特里库斯/许一敏(印度尼西亚)
		打男子单打	董　炯
		男子双打	关有明/安东尼奥斯(印度尼西亚)
		女子单打	王莲香(印度尼西亚)
		女子双打	葛　菲/顾　俊
		混合双打	桑纳亚托/许一敏(印度尼西亚)
1997	17	男子单打	孙　俊
		男子双打	苏巴吉亚/迈纳基(印度尼西亚)
		女子单打	王莲香(印度尼西亚)
		女子双打	葛　菲/顾　俊
		混合双打	刘　永/葛　菲
2005	18	男子单打	林　丹
		男子双打	蔡赟/付海峰
		女子单打	谢杏芳
		女子双打	杨维/张洁雯
		混合双打	谢中博/张亚雯

注：表中未标明国籍的均为中国选手。

八、全英羽毛球锦标赛

英格兰羽毛球协会于1899年创办了世界上第一项羽毛球比赛——全英羽毛球锦标赛。该项比赛原每年3月份的最后一周在伦敦附近的温布利体育中心举行,现改为每年的3月份进行。它是世界上历史最悠久的羽毛球比赛,初期只是在英国范围内由各地方协会的运动员参赛,后来逐步扩大到英联邦国家,现已成为全球性的羽坛大会战。

九、世界青年羽毛球锦标赛

世界青年羽毛球锦标赛是国际羽毛球联合会创办的正式赛事,设五个单项,比赛当年未满19岁的青少年才能参加。从1992年开始,每两年举办一届,至今已举办了7届。这一赛事每一届都汇集了当时世界羽坛最优秀的青少年选手,他们当中的佼佼者后来大都成了世界级的顶尖高手。

十、世界青少年羽毛球团体锦标赛

从1998年起,国际羽联开始举办世界青少年羽毛球团体锦标赛,采用苏迪曼杯比赛办法,年龄限定与世界青年羽毛球锦标赛相同,与世界青年羽毛球锦标赛同时、同地举行。

十一、世界成年羽毛球锦标赛

2003年起,国际羽联举行了第一届世界成年羽毛球锦标赛,参加比赛的队员自35岁起,每5岁为一个组别,每个组别均设五个单项,60岁以上为最大年龄组。除世界大型运动会年份外,世界成年羽毛球锦标赛拟每年举行一届。

十二、欧亚羽毛球对抗赛

这是国际羽联于2005年创办的国际赛事。第一届对抗赛于2005年7月12日至14日在菲律宾首都马尼拉展开，这也是国际羽联创办的一项全新赛事，即“MVP杯”欧亚羽毛球对抗赛。

“MVP杯”赛是一项全新的团体对抗赛，在三天时间内共进行9场比赛，每天进行三场，比赛形式类似于高尔夫球的“莱德杯”赛。

按照赛程规定，参加对抗的欧亚两支球队将分别由两名男单、两名女单以及男双、女双和混双各一对选手组成。目前，亚洲队已确定由世界排名第一的林丹和雅典奥运会男单冠军陶菲克担纲男单，女单为雅典奥运会冠军张宁和韩国新秀徐润熙，男双为马来西亚的陈重名/古健杰，女双是泰国的萨拉莉/萨斯妮，混双选手则来自菲律宾。欧洲队中，混双由雅典奥运会亚军、英国的罗伯森/埃姆斯担纲，男单为丹麦的博森和比乔恩，女单为张海丽和皮红艳，男双为罗伯森/布莱尔，女双为张海丽/姚洁。中国队总教练李永波将出任亚洲队队长。

国际羽联已计划将这一对抗赛变为传统赛事，每一年举办一届。首届比赛的奖金为8万美元，冠军将获得5万美元，亚军获3万美元。

第二节　国内羽毛球重要赛事介绍

目前国内主要的羽毛球比赛有：全国运动会羽毛球比赛、全国羽毛球锦标赛、全国青少年羽毛球比赛以及1996年创办的羽毛球系列大奖赛及总决赛等项比赛、全国羽毛球混合团体锦标赛等。以上各种比赛均由羽乒管理中心及中国羽毛球协会统一组织安排，由部分省、市或地区承办。

一、全国运动会羽毛球比赛

全国运动会是由国家体育总局举办的类似于奥运会举办形式的一种全国性的综合运动会，羽毛球比赛是运动会的一个比赛项目，是国内最重要及最高水平的羽毛球赛事之一。全运会羽毛球比赛每四年举行一次，这种综合性运动会的比赛不同于其他的比赛，全国运动会比赛设有金牌榜，运动员以省或地区及直辖市为单位参赛，运动员在各项比赛中所得的奖牌，累计计入自己所代表的代表团的总奖牌中，并最后在该届运动会的金牌榜上排列出名次。所以，运动员在比赛中的成绩不仅代表着自身，更重要的是影响着整个代表团的总体成绩。由于全运会羽毛球比赛具有很强的时间性（每四年一次），而它又直接关系到整个代表团的集体荣誉，所以国内羽毛球界对此赛事极其重视。全运会羽毛球比赛，设有男子团体、女子团体、男子单打、女子单打、男子双打、女子双打和混合双打共七个项目的比赛。由于参赛人数多，所以在正式比赛前，一般先提前进行预选赛，按照赛前规定的各个单项比赛的配额，选出优胜者再参加最后的比赛。

历届全国运动会羽毛球比赛冠军榜

时间	地点	届别	男子团体	女子团体	男子单打	女子单打	男子双打	女子双打	混合双打
1959	北京	一			王文教（福建）	陈家琰（福建）	王文教 陈福寿（福建）	陈家琰 黄彬（福建）	陈福寿 陈家琰（福建）
1965	北京	二	福建	湖北	汤仙虎（福建）	陈玉娘（湖北）	林建成 吴俊盛（福建）	陈玉娘 林建英（湖北）	未举行
1975	北京	三	福建	湖北	汤仙虎（福建）	梁秋霞（湖南）	汤仙虎 吴俊盛（福建）	梁秋霞 李芳（湖南）	吴俊盛 丘玉芳（福建）

续表

时间	地点	届别	男子团体	女子团体	男子单打	女子单打	男子双打	女子双打	混合双打
1979	北京	四	福建	上海	阎玉江（江苏）	刘霞（上海）	孙志安 赵剑华（江苏）	丘玉芳 陈秀玉（福建）	李芳 傅春娥（浙江）
1983	上海	五	辽宁	广东	韩健（辽宁）	李玲蔚（浙江）	孙志安 赵剑华（江苏）	林瑛 吴迪西（福建）	林江利 林瑛（福建）
1987	韶关	六	江苏	福建	杨阳（江苏）	李玲蔚（浙江）	李永波 田秉毅（辽宁）	韩爱萍（湖北）李玲蔚（浙江）	周金灿 林瑛（福建）
1993	成都	七	福建	江苏	赵剑华（江苏）	唐九红（湖南）	陈红勇 郑昱闽（福建）	姚芬 林燕芬（广东）	刘坚军 王晓园（浙江）
1997	上海	八	江苏	湖南	陈刚（浙江）	叶钊颖（浙江）	蒋欣 刘永（江苏）	葛菲 顾俊（江苏）	葛菲 刘永（江苏）
2001	广州	九	江苏	湖南	罗毅刚（湖南）	龚智超（湖南）	张尉 王伟（上海）	张洁雯 杨维（广东）	葛菲 孙俊（江苏）
2005	南京	十	江苏	湖南	林丹（解放军）	蒋燕皎（解放军）	张军 蔡赟（江苏）	高崚 魏轶力（湖北）	郑波 黄穗（湖南）

二、全国羽毛球锦标赛

全国羽毛球锦标赛是国内羽毛球的一项固定赛事，每年举行一次，由国家体育总局指定某一省、地区或直辖市承办。比赛设有男子团体、女子团体、男子单打、女子单打、男子双打、女子双打和混合双打七个项目。以省、地区或直辖市为单位统一报名参赛。同全国运动会羽毛球比赛一样，全国羽毛球锦标赛也是国内一项最高水平的赛事，每次比赛都聚集了各省、地区、直辖市最优秀的选手，其特点是：参赛人数多；竞赛水平高，争夺激烈。

全国羽毛球锦标赛的团体比赛采用五场三胜制，出场顺序通常为第一场单打、第二场单打、第三场双打、第四场双打和第五场单打。其余各单项的比赛均全部按照单淘汰赛制进行。一般来讲，每一代表队报名参赛选手的数额有具体限制，每个团体比赛项目通常为六至七项，各代表队参加一项单项比赛的人数不得超过三人。

三、全国青少年羽毛球比赛（12～13岁、14～15岁、16～17岁、18～19岁）

全国青少年羽毛球比赛是以省、地区和直辖市为参赛单位，在国家体育总局羽乒球管理中心和中国羽毛球协会的安排下，由某一省、地区或直辖市主办。该比赛每年举行一次，根据不同的年龄，将参赛选手分为甲、乙两组进行竞赛。甲组为青年组，乙组为少年组。每组通常又分别设有男子单打、女子单打、男子双打、女子双打和混合双打五个项目的比赛，各个项目一般均采用单淘汰赛制。全国青少年羽毛球比赛主要为我国培养羽毛球后备力量，比赛的优胜者不仅有机会代表国家队参加世界青少年羽毛球锦标赛，而且还有机会入选国家青年队或国家少年队。

四、国内羽毛球系列大奖赛

我国设置国内羽毛球系列大奖赛是我国羽毛球竞赛制度改革的重大举措之一。这一赛事不但可以积极推动我国羽毛球运动水平更快地发展，还能够促进我国现有的竞赛体制同国际的竞赛体制有效衔接。从1996年开始，国内羽毛球系列大奖赛采用世界羽毛球系列大奖赛的参赛办法，每年举行四站系列大奖赛，一般每个季度进行一站比赛。为避免该赛事与其他国际重大比赛相冲突，在时间安排上为每年的3月举行首站比赛,6月、9月分别举行第二、第三站比赛,年底为系列大奖总决赛。

五、全国羽毛球混合团体锦标赛

全国羽毛球混合团体锦标赛采用5个单项组成的9场赛制,即9场5胜制。其中设混合双打一场、男子单打、女子单打、男子双打、女子双打各两场。本次比赛第一阶段分4组进行单循环赛,第二阶段进行同名次单淘汰赛及附加赛决出所有名次,取前六名予以奖励。

第三节　世界著名球队、优秀运动员介绍

现代羽毛球运动从起源到现在,已有120多年的历史了。羽毛球运动从英国开始传播到世界各个国家,受到世界各国人民的喜爱,他们或是观赏羽毛球比赛,或是通过打羽毛球来锻炼身体。他们崇拜和欣赏在各个时期的国际比赛中涌现出来的著名球队和优秀选手。特别在当今水平相当、对抗激烈、变化多端的羽毛球比赛中,著名球队和优秀球员更如满天星斗,让人目不暇接。

一、印度尼西亚队

印度尼西亚球队是世界最强的球队之一,特别男队拥有许多出类拔萃的优秀运动员。他们从20世纪50年代末期开始至20世纪80年代初期,一直垄断着世界男子羽坛,接连8次夺取汤姆斯杯赛冠军,在全英羽毛球锦标赛中获得20多项世界冠军。代表人物有陈友福、梁海量、林水镜、苏吉亚托、罗天宁等。20世纪80年代,中国羽毛球队加盟世界羽坛,使印度尼西亚选手在世界各项

羽坛大赛中相应受挫。这使他们在80年代中后期认识到培养年轻选手的重要性,于是就在全范围内选拔优秀选手,进行科学化的大运动量训练,这批选手从90年代开始威胁着各羽坛好手。当时印度尼西亚队拥有众多世界一流羽坛好手,如佐戈、阿迪、阿尔比、魏仁芳等,几乎囊括了奥运会、世锦赛、世界杯、系列大奖赛及总决赛、全英羽毛球锦标赛等所有国际大赛的冠军,世界多项大赛男单前六名中占36席,前四名则全部是印度尼西亚的。他们可以打垮任何一个队,他们每一个人,都具有世界第一单打实力。世界男子羽坛的优势又给印度尼西亚队夺了回去,印度尼西亚队成了当时羽坛盟主。目前印度尼西亚男队的整体实力有所下降。印度尼西亚女子羽毛球队实力与男队相比,相对要差一些,仅在1974年获得第七届尤伯杯赛冠军,在其他世界比赛中也零星获得些奖牌。到了20世纪90年代,印度尼西亚女队冒出两名世界顶尖好手:王莲香和萨尔文达。她们分别在世界锦标赛、奥运会、世界杯上勇夺冠军,在世界女子羽毛球排名表上一直名列前茅。

陶菲克(男)身高1.76米,1981年8月10日出生于印度尼西亚万隆,男子单打。1996年陶菲克被一伯乐慧眼识中,此后不久便闯入国际羽坛。1999年,17岁的陶菲克赢得亚洲青年锦标赛冠军,同年在全英羽毛球公开赛决赛中显示出了他不俗的才能。虽然决赛中陶菲克以15∶11、7∶15、15∶10败于世界头号选手丹麦的盖德拍下,但比赛打得异常艰苦,这场比赛使陶菲克受到世人注目。

主要成绩:2005年世界羽毛球锦标赛男单冠军、苏迪曼杯亚军;2004年奥运会男单冠军、亚洲锦标赛男单冠军;2002年亚运会男单冠军、亚洲锦标赛男单亚军、汤姆斯杯冠军。

魏仁芳(男)身高1.78米,1968年3月29日出生于印度尼西亚第二大城市泗水,男子单打。8岁时,由他的父亲传授羽毛球技艺。11岁,进入印度尼西亚拉伽瓦利俱乐部接受羽毛球正规训练。16 岁在国内崭露头角,17 岁时就获得印度尼西亚全国羽毛球比赛的男单冠军,并顺利进入印度尼西亚国家羽毛球队。1987 年,号称世界羽坛“四大天王”的杨阳、赵剑华、费罗斯特、苏吉亚托先后败在魏仁芳的拍下,成了当时世界羽坛的热门话题。尤其是 1989 年,在世界羽毛球大奖赛总决赛中,他以 2∶0 击败世界羽坛的“王中王”杨阳。1992 年,在西班牙巴塞罗那举行的第二十五届奥运会上,获得羽毛球男子单打冠军。他也是世界上第一个奥运会羽毛球男子单打冠军。1999 年 10 月 31 日退役。

1997 年 2 月 9 日,魏仁芳同与其相恋 10 年之久的女友、1992 年奥运会羽毛球女单冠军王莲香结婚。

主要成绩: 1991 年世界锦标赛男单亚军;1992 年奥运会男单冠军;1993 年世界杯男单冠军;1996 年世界杯亚军。

苏吉亚托(男)身高 1.70 米,1962 年 10 月 4 日出生于印度尼西亚,男子单打,是主攻型选手。苏吉亚托是继梁海量和林水镜之后印度尼西亚羽坛涌现出来的球星。虽然他还不能与梁海量和林水镜齐名,但他在世界大赛中显示出非凡的实力,与丹麦的弗罗斯特、中国的杨阳和赵剑华一起被誉为当时世界羽坛的“四大天王”。

苏吉亚托从 12 岁起打羽毛球。1982 年,苏吉亚托在印度尼西亚公开赛上过关斩将,一鸣惊人地击败马来西亚的拉·西德克、队友杨伟镇和刘邦高等名将,夺得了男子单打冠军,被印度尼西亚羽坛作为林水镜的接班人而大加培养。

在 1982 年和 1983 年两年中,他为丰富国际比赛经验,频频出国参赛,不仅在世界羽毛球系列大奖赛中多次夺冠,而且获得 1983 年世界杯赛男单第三名和第三届世界锦标赛男单冠军,成为继梁海量之后第二个赢得世界冠军称号的印度尼西亚羽毛球运动员。

苏吉亚托的成长过程并不一帆风顺,他经历了一个大起大落后又奋起的艰辛历程。在夺取世界冠军后，他曾昙花一现般急剧地走下坡路，在一些重大国际比赛中或系列大奖赛中成绩不佳、名落孙山，甚至莫名其妙地败在一些不知名的对手拍下。随之而来的新闻界评论和指责以及国内羽毛球界的压力，使他几乎喘不过气来。但苏吉亚托并没有被压垮，而是更加勤奋地苦练，顽强地从低谷中走了出来，在世界羽坛重新扬威。1985 年，他不仅蝉联了泰国公开赛男单冠军，而且在第五届世界杯赛决赛中力克丹麦的“常胜将军”弗罗斯特，夺得男单冠军。他在 1986 年蝉联了世界杯赛男单冠军。

苏吉亚托是印度尼西亚羽坛传统的主攻型选手，体力充沛，步伐稳健，敢于起拍劈杀，即使失误也在所不惜。他扣球凶狠，打法独特而又全面，网前贴地救球和网前吊球令人叫绝，后场控球能力较强，特别是手腕爆发力好，甩腕击球出色，他那刚中带柔的球技与昔日球王梁海量相似。

梁海量(男)身高 1.79 米，1949 年 8 月 18 日出生于印度尼西亚，男子单打选手。梁海量是印度尼西亚羽坛宿将，在 20 世纪 60 至 70 年代扬威世界羽坛，曾是世界羽坛传奇人物之一。

梁海量技术全面，战术富于变化，上网速度快，中场善于突击，尤精于后场头顶杀对角和直线。

1967 年，梁海量 18 岁第一次作为印度尼西亚队的一员，参加了第七届汤姆斯杯赛。印度尼西亚队在决赛中以 3∶6 负于马来西亚队而卫冕失败，但印度尼西亚队赢得的三盘比赛中，有两盘是梁海量取得的，其中包括梁海量令人惊讶地击败了马来西亚著名的大将、1966 年全英羽毛球锦标赛男单冠军陈奕芳。他的成功和出色表演使他在国家队中确立了无可争议的地位。从此，他的技术突飞猛进，水平节节上升，开始了他威震世界羽坛的全盛时期。

1970 年梁海量第八次夺得全英羽毛球锦标赛冠军，从而成为全英锦标赛创办以来第一个、也是至今为止惟一夺得八次全英赛男单冠军的运动员。回国时，成千上万的同胞在从机场到市政厅的街道上夹道欢迎他光荣归来。

在20世纪70年代，梁海量一直是参加汤姆斯杯赛的印度尼西亚队队长和第一单打，为印度尼西亚队连续赢得4届汤姆斯杯赛冠军作出了不可磨灭的贡献。

此后，梁海量表示挂拍退出赛场，但因印度尼西亚羽坛青黄不接，在1980年又披挂上阵，为印度尼西亚夺得了第二届世界羽毛球锦标赛男子单打冠军。1981年，32岁的梁海量宣布退出正式比赛。

林水镜（男）身高1.75米，1956年2月28日出生于印度尼西亚，男子单打。林水镜是继梁海量之后印度尼西亚羽坛出现的最佳运动员，被视为印度尼西亚的“国宝”。20世纪70年代后期和80年代初期，他扬威世界羽坛，被誉为“世界羽坛上的天皇巨星”。

林水镜自幼喜爱羽毛球运动，少年时就打下扎实的基本功。1974年，18岁的林水镜开始在国内比赛中崭露头角，一举夺得全国羽毛球少年组和甲组公开赛两项冠军。接着，他开始参加大型国际比赛，1975年获第三届世界羽毛球邀请赛男单冠军。他的黄金时代始于1978年，这一年里他夺得全英羽毛球锦标赛男子单打冠军和第八届亚运会男子单打冠军。1979年和1981年，他又两度在全英锦标赛上夺魁。他还在1982年的第二届世界杯羽毛球赛上荣获男子单打冠军。他不仅单打技术好，双打也很出色，曾分别在汤姆斯杯赛中出任单、双打，为印度尼西亚队夺得第十、第十一和第十三届汤姆斯杯赛冠军立下了汗马功劳。

林水镜体力好、速度快、力量大、反应灵敏、技术全面。他步法敏捷而稳健，手法粗犷又不失细腻，动作泼辣而潇洒。他的打法以“快捷、凶猛”著称，“拿手好戏”是上网快、网前搓、推球神速，扣杀凶狠、力量大和落点刁钻则是他的“杀手锏”。

1979年，以林水镜为代表的双脚起跳扣球技术，使世界羽毛球技术水平迅速提高。双脚起跳杀球的威胁性更大,常常能一拍置对方于死地,即使对方将杀球接起,但回球的质量不高往往陷入被动当中。

林水镜不仅单打出色,而且在双打上也是羽坛的佼佼者。随着年龄的“老化”和体力下降,林水镜在单打比赛中越来越不尽人意,但又不愿舍弃心爱的羽毛球事业,经过深思熟虑,决定放弃单打,专攻双打。他分别同陈金德、叶忠明、杨荣美等队友配对,1984年至1986年曾连夺3届世界杯羽毛球赛男子双打冠军,1986年夺得印度尼西亚公开赛男子双打冠军,1987年获中国台北精英赛和日本公开赛男子双打冠军。

叶诚万(男)身高1.70米,1972年6月27日出生于印度尼西亚,男子单打。1998年是叶诚万最为得意的一年,他分别在新加坡科尼卡杯和汤姆斯杯男子单打比赛中将丹麦名将彼得·盖德、克里斯滕森和马来西亚好手杨景福淘汰出局,从而捧走了金杯。

主要成绩:2001年汤姆斯杯冠军、世锦赛男单冠军、苏迪曼杯亚军;2000年悉尼奥运会男单亚军;1998年亚运会男单亚军、汤姆斯杯男团冠军主力。

西吉特(男)身高1.73米,1975年11月24日出生于印度尼西亚,男子双打。印度尼西亚顶尖双打高手,世界著名双打运动员。其手法漂亮,思维灵活敏捷,看他打球是一种享受。

主要成绩:1997年世界锦标赛、总决赛男双冠军;1998年汤姆斯杯男团冠军主力;2002年汤姆斯杯男团冠军主力;2004年亚洲锦标赛男双冠军;2005年苏迪曼杯亚军、世界羽毛球锦标赛男双亚军。

陈甲亮(男)身高1.73米,1975年9月16日出生于印度尼西亚,男子双打。1997年在众多强手中,他与队友一起夺得了世界羽毛球大奖赛的冠军。1997年的世界羽毛球锦标赛的男子双打决赛是一场艰苦的争夺战,但陈甲亮与队友西吉特以必胜的信念击退了马来西亚选手谢顺吉和叶锦福,一举夺魁。1999 年 12 月初,他与吴俊明合作取得世界羽毛球大奖赛的冠军。2000 年 1 月,他与吴俊明合作以 15 : 7 相同的比分击败马来西亚选手谢顺吉和叶锦福,夺得了中国台北羽毛球公开赛的男子双打冠军。2001 年当选国际羽联年度最佳运动员。

主要成绩: 1997 年世锦赛男双冠军、苏迪曼杯季军主力;1998 年汤姆斯杯男团冠军主力;2000 年悉尼奥运会男双冠军;2001 年苏迪曼杯亚军主力;2002 年汤姆斯杯男团冠军主力;2003 年世界锦标赛男双亚军;2004 年亚洲锦标赛男双亚军;2005 年苏迪曼杯亚军、世界羽毛球锦标赛男双亚军。

二、丹麦队

丹麦羽毛球队不仅是欧洲羽坛劲旅,也是老牌世界冠军。从 1939 年第三十六届全英羽毛球锦标赛开始,丹麦选手向羽毛球发祥地英国发起了挑战,打破了英国选手称霸羽坛的垄断局面。在 20 世纪 40 年代末期,丹麦运动员的技术水平也达到了高峰,连续在 1947 年、1948 年第三十七、第三十八届全英羽毛球锦标赛中获得了全部九项冠军。从此以后,丹麦队在各项世界羽毛球大赛中屡屡夺冠。从 1947 年至 1988 年,他们在国际羽毛球锦标赛中获得了近 60 个单项冠军。特别在 20 世纪 70 年代末和 80 年代,丹麦的男女选手多次获得世界冠军,再次称雄世界羽坛,与世界羽毛球强队——印度尼西亚、中国、韩国、马来西亚角逐对抗,共享盛誉。

弗罗斯特(男)身高 1.90 米,1958 年出生于丹麦,男子单打。他 8 岁时就开始打羽毛球,17 岁时第一次参加国际比赛。从 1980 年起,开始了他羽毛球运动生涯中最辉煌的时期。1980 年、1981 年,他先后战胜了梁海量、林水镜、普拉卡什等世界名将,确立了他在世界羽坛的地位,成为 20 世纪 80 年代世界羽坛的最优秀的选手之一,被人们誉为“常胜将军”。他与杨阳、赵剑华、苏吉亚托一起被称为“四大天王”。

弗罗斯特基本技术全面,步法灵活,体力充沛,力量大,落点刁,平时训练刻苦,场上作风顽强,善于采用拉底线控制对方,擅长扣杀直线和中路。

弗罗斯特曾保持200多场比赛不败的纪录,仅1984年一年,就获得8次国际大赛的桂冠,其中包括全英羽毛球锦标赛和世界羽毛球系列大奖赛总决赛的男子单打冠军。然而,令他遗憾终身的是:他曾三次打入世界羽毛球锦标赛男子单打的决赛和两次打入世界杯羽毛球赛决赛,却一次也未能如愿,分别败在苏吉亚托、韩健和杨阳的手下。

最令他惋惜的一次是1985年的第四届世界羽毛球锦标赛。弗罗斯特的“克星”——中国选手赵剑华因病退出比赛,可谓天赐良机。他一路顺风杀入前四名,半决赛又以2∶0直落两局战胜中国新秀杨阳,与中国老将韩健在决赛中碰头。弗罗斯特与韩健曾多次交锋,胜多负少,因此他对获胜充满信心。双方打成一平后,弗罗斯特在决胜局曾以8∶3领先交换场地,眼看胜利只有一步之遥。岂料韩健落后时毫不手软,相反弃守为攻,一口气连夺12分,令观众和弗罗斯特目瞪口呆,最后以15∶8赢了决胜局。弗罗斯特甚至在赛后还不相信自己已经失败,他对记者说:“我不知道发生了什么事情。”

弗罗斯特来自丹麦的一个地方小镇,从未有过教练员,完全靠自己的意志和努力,靠观看别人打球和刻苦实践获得成功。正是靠这种不懈的追求,使弗罗斯特赢得了他的对手和球迷们的尊敬。

马尔廷(女)身高1.74米,1974年3月23日出生于丹麦,女子单打。在丹麦,马尔廷被誉为“第二女王”。1999年勇夺世界冠军时,马尔廷已拿下十次丹麦冠军。马尔廷的打球风格是稳重加速度,经常面带笑容,以性格和蔼可亲著称。

马尔廷是女子羽坛仅有的几个可以和中国选手分庭抗礼的女单选手之一。

主要成绩：2004 年欧洲锦标赛团体冠军；2000 年悉尼奥运会亚军；1999 年世锦赛女单冠军；1996 年、1998 年、2000 年欧锦赛女单冠军。

盖德（男）身高 1.84 米，1976 年 12 月 14 日出生于丹麦，男子单打。盖德右手执拍，4 岁学打羽毛球，6 岁时作出了他生命中一个相当明智的决定：选择了羽毛球。如今，盖德已成为世界著名的羽毛球球星，获得了许多重大赛事的冠军奖牌。悉尼奥运会后，随着年龄的增长和不断的伤病，盖德已经巅峰不再，但仍然是一个不可忽视的对手。

主要成绩：1998 年欧锦赛男单冠军；2001 年世界锦标赛男单亚军；2004 年欧洲锦标赛男单冠军；2005 年世界羽毛球锦标赛男单季军。

埃里克森（男）身高 1.91 米，1969 年 12 月 30 日出生于丹麦，混合双打。丹麦羽毛球双打名将，在男双和混双项目上均有不俗实力。主要成绩：2004 年雅典奥运会混双铜牌；1997 年世界锦标赛混双亚军。

帕斯克（男）身高 1.86 米，1976 年 1 月 18 日出生于丹麦，男子双打。世界男双顶级高手。主要成绩：2003 年世界锦标赛男双冠军；2004 年汤姆斯杯亚军。

拉尔森（男）身高 1.88 米，1965 年 9 月 20 日出生于丹麦，男子单打。由于他的大部分好成绩为 30 岁以后取得，故在羽毛球界，他有“羽坛常青树”的称号。

主要成绩：1996 年第二十六届奥运会上获得羽毛球男子单打冠军；1997 年世界锦标赛男单第三名；1998 年汤姆斯杯第三名；1999 年世界锦标赛男单第三名；2000 年汤姆斯杯第三名。

三、马来西亚队

马来西亚男子羽毛球队不仅是世界劲旅，也是老牌亚洲冠军。在20世纪40年代末，马来西亚人作为开路先锋，把世界羽毛球运动优势从欧洲一下子移到了亚洲。在1948年至1955年之间举办的第一、第二、第三届汤姆斯杯赛中，他们连续三次夺得冠军，并且包揽了1950年至1957年8届全英羽毛球锦标赛的男子单打冠军和1951年至1954年4届全英羽毛球锦标赛的男子双打冠军，使马来西亚人称雄于国际羽坛。当时的代表人物有黄秉璇、庄以明。但是，好景不长，50年代后期，马来西亚的优势就给印度尼西亚夺去了。直到80年代，马来西亚才再次在世界各项大赛频频亮相，多次夺取单项金、银牌。80年代末期，马来西亚男队以咄咄逼人的姿态跻入世界男子羽坛四强，在单项比赛中连连得手。在中国前国手杨阳、韩健执教下，他们在第十五、第十六届汤姆斯杯和1990年亚运会连续三次以3∶2战胜印度尼西亚队。在1992年第十七届汤姆斯杯赛的半决赛和决赛中，他们分别以3∶2的同样比分击败了中国队和印度尼西亚队，重新夺回了失去35年之久的汤姆斯杯，再次展现了马来西亚在世界羽坛的雄风。1994年，马来西亚在印度尼西亚国土上卫冕第十八届汤姆斯杯的决赛中被印度尼西亚队打败，获得亚军。这时期代表人物有米斯本、拉·西德克、贾·西德克、付国强、苏明强、苏顺吉等。目前马来西亚男队实力还是属于世界排名靠前的强队。

李崇伟(男)身高1.78米，1982年10月21日出生于马来西亚，男子单打。近年来涌现出的马来西亚顶尖男单选手。主要成绩：2005年马来西亚公开赛男单冠军、世界羽毛球锦标赛男单季军。

哈菲兹(男)身高1.86米，1982年9月13日出生于马来西亚，男子单打。哈菲兹球风稳健，攻防兼备，作风顽强。身材和打法都颇具20世纪90年代马来西亚头号球手拉·西德克的特点。从目前的状况看,这位新秀将对中国男单选手构成威胁,他与中国队的同龄人林丹和鲍春来同样都有着很大发展空间,将是未来几年世界羽坛的风云人物。哈菲兹在2002年5月的汤姆斯杯半决赛中战胜中国的鲍春来,为马来西亚队拿到了入围决赛的最关键一分。2003年哈菲兹又夺得全英羽毛球赛男单冠军。这是马来西亚在37年的漫长等待后再次梦圆全英男单,一时间被马来西亚民众视为民族英雄。

主要成绩:2005年泰国羽毛球公开赛男单冠军;2003年全英公开赛男单冠军。

叶锦福(男)身高1.68米,1970年8月2日出生于马来西亚,男子双打。20世纪90年代世界顶尖男双球星,与搭档谢顺吉合作获得多次世界级羽毛球大赛冠军。

主要成绩:1995年世界锦标赛第三名、亚洲锦标赛男双冠军、奥运会男双亚军;1997年世界锦标赛男双亚军;1998年汤姆斯杯亚军。

谢顺吉(男)身高1.78米,1968年1月9日出生于马来西亚,男子单打。20世纪90年代世界顶尖男双球星,与搭档叶锦福合作获得多次世界级羽毛球大赛冠军。

主要成绩:1992年世界杯男双冠军;1994年世界杯男双冠军;1995年世界锦标赛第三名、亚洲锦标赛男双冠军、总决赛男双冠军;1996年奥运会男双亚军;1997年世界锦标赛男双亚军;1998年汤姆斯杯亚军。

陈重名(男)身高1.70米,1980年2月16日出生于马来西亚,男子双打。马来西亚双打好手之一。主要成绩:2001年世界锦标赛男双第三名;2002年汤姆斯杯亚军;2005年世界羽毛球锦标赛男双季军。

钟腾福(男)身高1.79米,1976年2月6日出生于马来西亚,男子双打。马来西亚羽毛球一向盛产双打好手，就像当年的西德克兄弟一样。钟腾福/李万华是目前马来西亚羽坛最具实力的男子双打搭档，尽管并未获得过世界冠军，但是实力不容小视。2005年全英羽毛球公开赛半决赛中，他们以2：0战胜了中国的蔡赟/付海峰。他们将是中国队的心腹大患。

四、韩国队

韩国男女羽毛球队是在20世纪80年代杀出的一匹黑马，自1982年第一次获得世界杯男子双打冠军后开始蜚声于世界羽坛。它的强劲势头一发而不可收，特别在男子双打、混合双打、女子双打方面具有世界第一流的最佳组合。从1985年至1990年，该队已获得世界羽毛球锦标赛三次冠军、世界杯羽毛球大赛三次冠军，在系列大奖赛中获得一次冠军，在全英羽毛球锦标赛中夺得13次冠军，尤其是在1986年、1989年、1990年分别获得男子双打、女子双打、混合双打冠军。代表人物有朴柱奉、金东文、金文秀、金练子、柳尚希、吉永雅、郑素英等。到了90年代，男队已跻身于世界四强，女队具有足够的实力与印度尼西亚队、中国队抗衡。1992年第二十五届奥运会，第一次把羽毛球四个单项列入正式比赛项目，韩国队一举夺得男子双打、女子双打两项冠军，并在第二届、第三届苏迪曼杯中两次夺得冠军。韩国能在竞争激烈的世界羽坛大赛中获得如此好成绩，除了具有雄厚的实力外，更主要的是靠顽强的斗志和拼搏精神。他们在胜利时不松懈，在失败时不气馁，不屈不挠，往往会出现意想不到的反败为胜的奇迹。目前韩国羽毛球的水平仍是世界一流，出现了李铉一、李孝贞等单、双打好手。

李铉一(男)身高1.76米，1980年4月17日出生于韩国，男子单打。韩国近年来崛起的羽坛新秀。

主要成绩：2002年亚运会男团冠军、男单亚军；2001年苏迪

羽坛。到1984年,她在全英锦标赛中得两次女双冠军和六次混双冠军。她与队友迪尤·泰勒配对,两次在全英锦标赛上夺冠,又在1983年世界杯赛获得混双冠军,并在1984年至1987年间的世界系列大奖赛中共获得十一次混双冠军,成为世界羽坛中一柄不老的宝刀。

南斯·罗伯森(男)身高1.87米,1977年5月30日出生于英国,混合双打。他是一名优秀的混双选手,2004年奥运会给张军和高崚夺冠制造了很多麻烦。

主要成绩:2004年奥运会混双亚军、欧洲羽毛球锦标赛混双冠军。

盖尔·埃姆斯(女)身高1.62米,1977年6月23日出生于英国,混合双打。与搭档南斯·罗伯森配合获得多项荣誉。曾获得2004年奥运会混双亚军。

主要成绩:2004年奥运会混双亚军、欧洲羽毛球锦标赛混双冠军。

六、日本女队

日本女队是20世纪60年代至80年代的世界女子羽毛球强队,她们从1965年开始,连续夺得第四、第五、第六、第八、第九届尤伯杯冠军,并在全英锦标赛上荣获六次女单冠军和女双冠军,充分显示了日本女队在这一时期的雄厚实力。代表人物是汤木博江。

汤木博江1949年出生,她的技术特点是攻守俱佳,防守能力强,步法好,体力充沛,尤其是头顶劈杀对角速度快、落点准。1969年在全英羽毛球锦标赛中,第一次为日本队夺得女子单打冠军,然后,在全英锦标赛上接二连三地夺得冠军(三次单打、一次双打冠军),成为70年代获得全英锦标赛冠军次数最多的女运动员。此外，她还为日本女队四次获得尤伯杯作出巨大的贡献。1981年参加第九届尤伯杯时她已32岁，但还是宝刀不老，风采依旧，以顽强的拼搏精神，与同伴一起勇夺尤伯杯。

米仓加奈子（女）身高1.66米，1976年10月29日出生于日本，女子单打。因为姐姐爱打羽毛球，年纪小小的加奈子对此运动也情有独钟。当初小加奈子学习打羽毛球的时候，其父母担心她去练习场的路途太遥远，而一度禁止她出门。但加奈子对羽毛球强烈的渴望和对自己无比的自信，使她走出了日后获得惊人成就的第一步。

加奈子最精彩的个人乐章在亚运会时谱写，当时挫败世界排名第一的中国选手叶钊颖而进入半决赛，在决赛中再接再厉击退世界排名第三的中国选手龚智超，一举捧走代表亚洲最高荣誉的奖杯。加奈子冲破了中国、印度尼西亚、韩国等羽毛球界强手的重重包围，弥补了前亚运冠军汤木博江退役后所留下来长达28年的空白。

七、印度男队

印度是古代羽毛球运动的发源地，现代羽毛球运动在印度开展得也比较早，1934年就举行了第一届全印度羽毛球比赛。到了20世纪70年代后期，印度培养了一名威震世界羽坛的男选手，名叫普拉卡什。

普拉卡什1955年生于印度的一个体育世家，身高1.81米。其父亲是印度羽坛老将，在父亲的影响下，普拉卡什7岁就参加了当地举办的羽毛球比赛，15岁首次夺得印度少年羽毛球单、双、混双三项冠军，17岁又获全国少年冠军和印度全国羽毛球赛冠军。从此，他代表印度国家队，屡屡在世界羽坛大赛中夺冠。

普拉卡什的技术特点是：速度快，杀球力量大，攻防兼备，尤其是网前技术好，反手击球出色。虽然印度男队整体实力与世界先进水平相比，有一定的差距，但普拉卡什从20世纪80年代开始异军突起，单枪匹马，先后战胜世界名将梁海量、林水镜、韩健等，多次夺得丹麦国际邀请赛、瑞典公开赛、全英锦标赛、世界杯赛等世界大赛的桂冠，成为第一个赢得全英锦标赛和世界杯赛冠军的印度选手，永载世界羽毛球运动史册。

近年来印度羽毛球名将戈比昌（1974年生）表现不俗，是男子单打选手，获得2001年全英羽毛球公开赛男单冠军。

八、中国羽毛球队

中国羽毛球队成立于1954年，由王文教、陈福寿、黄世明、施宁等第一批国家羽毛球队员到各地进行表演，开始了国家羽毛球队的运动生涯。正是这批我国羽坛骨干，带领和培养了一大批向世界羽坛高峰冲击的运动健儿。我国羽毛球队虽然成立较晚，但进步神速，经过艰苦的努力，先后经历了20世纪60年代和80年代及当前的辉煌时期，攀上了世界羽坛高峰，为推动、促进世界羽毛球运动发展作出了不可磨灭的贡献。

汤仙虎（男）1942年出生在印度尼西亚，60年代初回国，把印度尼西亚的羽毛球技术带回国，并加以发展，形成了自己独特的技术风格。他创造性地发展了快速下压后上网控制网前的进攻技术、出色的头顶扣杀动作和快速灵活的步法，成为我国羽毛球队一位叱咤风云的人物。1963年在印度尼西亚举行的新兴力量运动会上，他夺取男子单打冠军。

1965年中国队访问丹麦，与丹麦队进行对抗赛时，汤仙虎以15：0战胜了6次获得全英锦标赛男单冠军的科普斯。1963～1975年间，他在国际比赛中从未输过一场球，成了真正的常胜将军，1978年已36岁的汤仙虎，与女队员张爱玲配对，在第八届亚运会上一举夺得混双冠军。后来他曾任国家女队教练,培养了一大批具有世界一流水平的运动员,为我国羽坛发展作出了巨大贡献。

主要成绩:1963年新兴力量运动会男单冠军;1965年第二届全运会羽毛球男单、团体冠军;1966年亚新会团体、男双和男单冠军;1975年第三届全运会羽毛球男单、团体冠军;1978年第八届亚运会混双冠军。

执教战绩:执教吉新鹏获2000年悉尼奥运会男单冠军;2004年作为男双教练带男双在夺得汤姆斯杯赛冠军中作出贡献。

侯加昌(男)1942年生于印度尼西亚,60年代初回国,加盟国家羽毛球队。他独具一格的快拉、快吊结合突击的打法以及技术全面、快攻凶狠、防守移动快、击球准确的特点使其成为中国羽毛球队的中坚力量。

退役后,他担任中国男子羽毛球队教练,训练作风严谨,训练手段先进,培养了许多世界一流运动员。此外,他还潜心于羽毛球运动理论研究,为我国羽毛球运动保持世界领先地位费尽了心血。

主要成绩:1963年、1972年、1973年他三次获得全国男子单打冠军;1974年第七届亚运会男单冠军;1976年亚洲羽毛球锦标赛上以2:0战胜"天皇巨星"林水镜而夺取冠军;1976年与队员庾耀东配对,夺取了第一届世界羽毛球锦标赛的双打冠军。

韩健(男)身高1.70米,1956年出生于辽宁,男子单打选手。韩健原是田径运动员,17岁被选入刚成立的辽宁省羽毛球队,1977年入选国家羽毛球集训队。韩健技术全面,打法稳健,步法灵活,"善于守中突袭"。他的技术特点是以守为主,守中突袭反攻,善于打持久战,被世界羽坛誉为典型的"牛皮糖"。他在比赛中经常以百折不挠的韧性和耐力,不急不躁,稳健而又敏捷地把对方"粘"住,并一步步把对方拖败。

主要成绩:1979年在第一届世界杯羽毛球赛上,是获得男子团体冠军的主力队员之一；同年在第二届世界羽毛球锦标赛中获男子单打冠军；1979 年和 1980 年两次作为中国队的主力队员，在同印度尼西亚队进行的对抗赛中保持不败纪录；1980 年获第四届亚洲羽毛球锦标赛男子单打冠军；1981 年获第一届世界杯羽毛球赛男子单打冠军；1982 年在第十二届汤姆斯杯决赛中，战胜了印度尼西亚的“天皇巨星”林水镜，轰动了世界羽坛；1982 年在第九届亚运会羽毛球比赛中获男子单打金牌，并是获得男子团体金牌的成员之一；1983 年、1984 年蝉联世界杯羽毛球赛男子单打冠军；1985 年在第四届世界羽毛球锦标赛决赛中，韩健战胜了当时公认的“世界球王”丹麦的弗罗斯特，成为第一个夺得世界锦标赛男子单打冠军的中国运动员；同年，他又过关斩将，夺取了 1985 年度国际羽毛球系列大奖赛总决赛的男单冠军；1986 年，在第十四届汤姆斯杯赛上，是获得冠军的中国队的主力成员；1986 年底，韩健挂拍。

李永波(男)身高 1.75 米，1962 年 9 月 18 日出生于辽宁大连，男子双打。李永波和田秉毅的男子双打曾多次获得世界冠军。两人崛起于 20 世纪 80 年代中期，曾获 1987 年、1989 年世界锦标赛冠军，是 1986 年、1988 年、1990 年汤姆斯杯冠军的主力成员之一。他还获得过多次世界杯、世界大奖赛总决赛冠军，全英羽毛球赛冠军，1992 年宣布退役。李永波和田秉毅改变了中国羽毛球男子双打长期落后的局面，并同韩国的朴奉柱/金文秀、印度尼西亚的洪忠中/郭宏源、马来西亚的西德克兄弟并称当时双打的“四大天王”。

执教战绩：1992 年至今历任国家队教练、副总教练、总教练；五夺苏迪曼杯冠军(1995 年、1997 年、1999 年、2001 年、2005 年)；四夺尤伯杯赛冠军(1998 年、2000 年、2002 年、2004 年)；汤姆斯杯赛冠军(2004 年)。

田秉毅(男)身高 1.78 米，1963 年 7 月 30 日出生于湖北，男子双打。11 岁进入武汉体育馆业余体校训练,15 岁进入湖北羽毛球队,20 岁正式选入国家队。退役后担任中国羽毛球队教练,目前任中国羽毛球队副总教练,主管女双组。

主要成绩: 1984 年第四届世界羽毛球锦标赛(与李永波)男双亚军;1986 年汉城亚运会(与李永波)男双亚军;1986 年汤姆斯杯赛冠军主力;1987 年第五届世界羽毛球锦标赛(与李永波)男双冠军;1988 年汉城奥运会羽毛球表演赛(与李永波)男双冠军;1988 年汤姆斯杯冠军主力;1990 年汤姆斯杯冠军主力。

杨阳(男)身高 1.76 米,1963 年 12 月 9 日出生于江苏南京,男子单打。12 岁进入少年体校,开始练习羽毛球,15 岁选入省集训队,1983 年入选国家队,1984 年夺得全国男单冠军。他的技术特点是步法灵活,速度快捷,落点变化多,跳起扣杀两角凶狠,具有一定的杀伤力。他被誉为世界羽坛的“四大天王”中的“王中王”。

主要成绩: 1984 年杨阳作为中国羽毛球队的主力队员,参加了第十三届国际羽毛球男子团体锦标赛(汤姆斯杯赛),勇克当时世界冠军苏吉亚托,为中国队夺得亚军立下功劳;同年在第四届世界杯羽毛球赛上获男子单打亚军。

1986 年在第十四届国际羽毛球男子团体锦标赛上,他是获得冠军的中国男子羽毛球队的成员;同年在国际羽毛球系列大奖赛总决赛上,获得男子单打冠军。

1987 年在第五届世界羽毛球锦标赛上,杨阳首次夺得男子单打冠军,同年在第七届世界杯羽毛球赛上获男子单打亚军。

1988 年在第十五届汤姆斯杯赛上,他是中国男子羽毛球队蝉联冠军的成员,同年在第八届世界杯羽毛球赛上,再夺单打冠军。

1989 年在全英羽毛球锦标赛上,杨阳获单打冠军,创造一人独得汤姆斯杯、世界锦标赛、世界杯赛、全英锦标赛四项世界大赛冠军的纪录。同年 6 月在第六届世界羽毛球锦标赛上,杨阳获得男子单打冠军,成为世界上第一个蝉联该项冠军的选手。同年 11

月在第九届世界杯羽毛球赛中杨阳获男子单打冠军。同年在第十五届汤姆斯杯赛上，杨阳与队友一起捧回了冠军奖杯。由于他的斗志和高超球艺被誉为当时世界羽坛“四大天王”之首。

赵剑华（男）身高 1.83 米，1965 年出生于江苏南通，男子单打。他 12 岁进业余体校，专修羽毛球；1978 年进入江苏省羽毛球队，16 岁获得江苏城市羽毛球比赛男子单打冠军。1983 年加入中国羽毛球队。

赵剑华属进攻型选手，具有力量大，身体素质好，速度快，反应灵敏，后场扣杀有力，网前凶狠，落点准确等技术特点。

赵剑华在 20 世纪 80 年代与中国的杨阳、丹麦的弗罗斯特、印度尼西亚的苏吉亚托被国际羽坛称为“四大天王”，并被认为是“四大天王”中最有才华的一个，也是最后退出世界羽坛的“天王”。他还与杨阳和熊国宝被称作“中国三剑客”。

赵剑华在丹麦名将弗罗斯特鼎盛时期是惟一能对其构成威胁的选手，深得其敬佩。弗罗斯特在赵剑华退出羽坛时称赞他是“最能展现羽毛球运动真谛的人”。

赵剑华的技术特点是灵活，球路刁钻，手腕动作隐蔽而有力，常打出令人意想不到的球。他的技术令许多人无法效仿。惟一的缺点是身体素质不佳，这使他的羽毛球生涯出现过两次中断期，也是最终未能夺得他惟一缺少的奥运金牌的原因。

董炯（男）身高 1.80 米，1973 年 8 月 20 日出生于北京，男子单打。10 岁开始打球，14 岁进入北京队，18 岁调入国家队集训。他的特长是场上拼劲足，体力好，跳起扣杀凶猛，属进攻型打法。

主要成绩：1994 年 2 月在参加汤姆斯杯预选赛中，他连战连胜，在决赛中又以 2∶0 击败韩国第一单打金学钧，为中国队最后以 3∶2 击败韩国队立下了头功；同年 6 月在北京举行的亚洲杯羽毛球半决赛和决赛中，他接连挫败世界排名第一和第三的印度尼西亚名将佐戈和阿尔比，第一次获得了国际重大比赛的男单冠军；

1996 年亚特兰大奥运会男单亚军、世界杯赛男单冠军;1995 年、1997 年和 1999 年三届苏迪曼杯混合团体赛冠军队主力队员;1998 年亚运会男单冠军。

刘永(男)身高 1.83 米,1975 年 8 月 12 日出生于江苏南京,混合双打。1989 年进入江苏省队,主攻双打,曾获全国青年锦标赛男双冠军和世青赛第三名。1993 年底入选国家队。

在国家队,刘永与许多男队员配过双打,但成绩平平;1996 年 11 月开始与葛菲搭档混双,成绩扶摇直上。不到半年的时间,他从默默无闻一下子跃升到世界第四。1997 年,两人配合夺得世锦赛混双冠军,成为继王朋仁、史方静之后十年,中国出现的又一对混双世界冠军。当年,他们就连拿四项国际比赛冠军,世界排名一下升至第一。

主要成绩: 1997 年苏迪曼杯赛冠军中国队主力(混双),世锦赛混双冠军,世界杯、系列大奖赛总决赛混双冠军;1999 年苏迪曼杯赛混双冠军、世锦赛混双冠军、国际羽联大奖赛总决赛混双冠军;2001 年国际羽毛球超级大奖赛混双冠军。

孙俊(男)身高 1.74 米,1975 年 6 月 16 日出生于江苏南京,男子单打。人称"猴子"的孙俊素以机智灵活、手上技术纯熟精良著称。他虽然瘦小单薄,身体条件并不出众,但天资聪颖,悟性很高,善于挖掘自身潜力。他属拉开突击型打法,步伐灵活,跑动范围广,处理球讲究落点,球路变化多端,进攻绵里藏针。1997 年至 1999 年,孙俊以顽强的毅力克服了伤病的困扰,在国际赛场屡创佳绩,成为继董炯之后第二位夺得世界冠军称号的男单选手。

主要成绩: 1997 年世界杯赛、亚洲锦标赛男单冠军;1997 年、1998 年世界羽毛球系列大奖赛总决赛男单冠军;1997 年世界锦标赛男单亚军;1995 年、1997 年、1999 年苏迪曼杯混合团体赛冠军队主力队员;1999 年世界锦标赛男单冠军。

吉新鹏(男)身高 1.81 米,1977 年 12 月 30 日出生于福建,男子单打。吉新鹏右手握拍。技术特点是拉开突击打法,球路变化多端,后场进攻落点刁,网前球手法细腻,步法灵活。2000年9月获奥运会男单冠军。退役后担任国家青年羽毛球队教练,现在担任国家队男子单打教练。

张军(男)身高1.75米,1977年11月26日出生于江苏苏州,男子双打、混双。张军1986年进入苏州市体校,1991年进入江苏省体工队,1996年进入国家二队,后进入国家一队。张军的技术特点是后场攻击力强,劈杀力量过人,不足之处是战术上缺乏灵活性。他与高崚配对为中国夺得了奥运会历史上第一枚混双金牌,在当今国际羽坛混双项目排名稳居前二。

主要成绩:1999年第六届苏迪曼杯冠军主力成员(与张尉);2000年悉尼奥运会混双金牌(与高崚);2001年国际羽毛球超级大奖赛男双冠军(与张尉)、世锦赛混双冠军(与高崚);2004年雅典奥运会混双冠军、汤姆斯杯冠军主力成员;2005年苏迪曼杯冠军主力成员。

林丹(男)身高1.76米,1983年10月14日出生于福建龙岩,男子单打。林丹1992年9月入福建省体校,1995年11月进八一南京强力羽毛球俱乐部,1999年11月入国家二队。

昔日青涩的林丹如今已经霸气十足,连续夺冠让国际羽联也不吝将"超级丹"的称号给予了这个二十出头的中国青年,连续稳坐国际羽联男单排行第一的林丹是中国羽毛球男队重夺汤姆斯杯的重要砝码。

林丹左手握拍,以拉吊突击为主打法,进攻意识强,场上速度快,进攻落点好,攻击犀利,步伐灵活,扣杀较具威胁。

林丹近年来进步神速。他具有一股与生俱来的霸气,教练钟波曾说,林丹具有成为一名世界高手的气质;国家羽毛球队总教练李永波也曾感叹林丹将是中国羽毛球未来第一男单最有力的争夺者。

2005 年林丹世界单打排名稳居第一;2004 年汤姆斯杯冠军和 2005 年苏迪曼杯冠军中国主力成员;2005 年第十届全运会羽毛球男子单打冠军。

梁秋霞(女)身高 1.63 米,1950 年出生于印度尼西亚,女子单打。幼年时代在印度尼西亚已与羽毛球结下不解之缘。在学校教师的指导下,她勤学苦练,加上悟性高,球技不断提高。梁秋霞回国后,她的精湛球艺被发现,不久被吸收为国家羽毛球队队员,并在各种赛事中表现不俗。

当满载荣誉的梁秋霞重返"羽毛球王国"印度尼西亚时,立即被该国羽毛球协会聘请当教练。在印度尼西亚执教,梁秋霞最辉煌的成就是培养出了世界羽坛一代"女球王"王莲香。印度尼西亚羽毛球女队的崛起,梁秋霞功不可没。

主要成绩: 1974 年第七届亚运会女子双打冠军;1976 年第四届亚洲羽毛球锦标赛女子单打冠军;1976 年第一届亚洲羽毛球邀请赛女子单打冠军;1977 年第二届亚洲羽毛球邀请赛女子单打冠军;1978 年第八届亚运会女子单打冠军。

张爱玲(女)身高 1.68 米,1957 年出生于上海,女子单打。1972 年选入上海市羽毛球队少年班进行正规训练。她训练刻苦,身体素质好,打球作风泼辣,扣杀凶狠,进攻速度快,反手击球能力强,并善于在跑动中突然袭击,威震世界女子羽坛。

主要成绩: 1978 年第一届世界羽毛球锦标赛女单和女双冠军;1978 年第八届亚运会获得混双冠军;1981 年第一届世界运动会女单和女双冠军、全英羽毛球精英赛中获得女单和女双冠军;1982 年、1983 年,她连续两次夺得全英锦标赛女单冠军;1984 年她为中国女队赢得尤伯杯赛再次立功。

韩爱萍(女)身高 1.70 米,1962 年出生于湖北,女子单打。10 岁开始羽毛球训练,15 岁参加全国比赛,击败许多国手,夺取了女单银牌,令人刮目相看,16 岁选入国家队,技术日趋成熟。她技术全面，扣杀快速、凶狠，上网步法灵活，进攻威胁大。她17岁参加第二届世界羽毛球锦标赛，力挫群英，一举夺冠，在国际羽坛中初露锋芒。正当她勇攀世界羽坛高峰时，不幸得病两年多。1982年9月她病愈复出后，实力不减当年，到1989年止，她在国际大赛中共获8次单打冠军、5次双打冠军，并为中国队蝉联尤伯杯赛冠军立下了显赫战功。

李玲蔚（女）身高1.69米，1964出生于浙江，女子单打。李玲蔚从小喜爱体育运动，11岁被召进浙江省羽毛球集训队。1980年，她在全国羽毛球锦标赛上一鸣惊人，夺取了青少年组女单冠军和成年组女双冠军，同年被选入国家集训队。她的技术特点是扣杀凶狠，球路变化多端，攻防兼顾，进攻落点准，杀、吊变化大，心理素质好，作风顽强。1981年，她开始闯荡世界羽坛。此后威震国际羽坛，获得多项世界冠军。

主要成绩：第一届世界杯赛女单银牌；1983年世界锦标赛女单冠军、世界杯女双冠军、系列大奖赛总决赛女单冠军；1984至1987年，连续四次夺得世界杯赛女单冠军、两次全英锦标赛女单冠军；1985年至1987年连续三次获得系列大奖赛总决赛女单冠军。

关渭贞（女）身高1.63米，1963年出生于中国广州市，女子双打。关渭贞的名字在国内外羽坛可谓如雷贯耳，她曾先后与林瑛、农群华合作，五夺女双世界冠军，并且是四届尤伯杯团体赛冠军队主力成员。1992年巴塞罗那奥运会，关渭贞和农群华在决赛中负于韩国选手，屈居亚军。那次失利也成了关渭贞那段辉煌的运动生涯的最大遗憾。“论实力，我们与韩国那对选手实力相当，谁胜谁负都是很正常的事。让我真正感到遗憾的是，当比赛到了关键的时刻，裁判员几次莫名其妙地判我们发球违例。”带着与大满贯的伟业仅差一小步的遗憾，关渭贞结束了运动员生涯。

叶钊颖（女）身高1.75米，1974年5月7日出生于浙江杭州，女子单打。叶钊颖生于一个体育世家,父母曾分别是浙江省足球队和田径队的健将。叶钊颖1984年进省队,1989年调入国家队。叶钊颖在长达十余年的国家队生涯中,大部分时间把持着女单一号的位子。1995年至1998年四年内她有8次位列国际羽联女子单打世界排名第一。她的优势是技术老到,大赛经验丰富;不足是心理状态欠稳定。她曾获得两次世锦赛女单冠军、三次世界羽毛球系列大奖赛总决赛女单冠军,她为中国夺取两届苏迪曼杯赛冠军与三届尤伯杯赛冠军立下战功。她获得三次全英公开赛冠军和多次日本公开赛女单桂冠。

张宁(女)身高1.75米,1975年5月19日出生于辽宁锦州,女子单打。张宁右手握拍,是和叶钊颖同期的羽毛球国手。她自1994年就已经开始代表中国出战尤伯杯,在10多年的时间里一直活跃在国际羽坛,并且在近年来的一系列比赛中有精彩表现。她在2002年韩国公开赛上先后战胜夙敌马尔廷和新锐龚睿那,在女单比赛中夺冠,并重新登上世界排名第一的宝座,可谓女子羽坛的一棵常青树。张宁凭借其稳定的发挥和超常的毅力得以再次入选2002年中国队征战尤伯杯阵容和2005年的苏迪曼杯主力成员。相对侧重技术型打法的选手而言,张宁更富攻击性和杀伤力。

主要成绩:1996年亚洲杯女单冠军;1999年亚洲锦标赛女单冠军;2002年亚锦赛女单亚军;2003年世界锦标赛冠军;2004年奥运会女单冠军;2005年苏迪曼杯冠军主力成员、世界羽毛球锦标赛女单亚军。

葛菲(女)身高1.70米,1975年出生于江苏南通,女子双打。葛菲1985年进入江苏省体校,1987年与顾俊搭档,1993年底,两人一起入选国家队,专攻双打。“葛菲是双打天才,而且十年一遇。”这是原国家女队教练蒋永谊对葛菲的评价。葛菲与顾俊的女双配对号称“天下第一双”,她们在国际比赛中,连胜的场数达到100场左右。这些比赛囊括了亚运会、世界杯、世锦赛、奥运会、大奖赛等各类正规赛事。

葛菲与刘永的混双配合也属于世界顶尖水平。1997 年,两人初次合作便捧得韩国公开赛冠军。此后他俩在世锦赛、世界杯、大奖赛总决赛上先后问鼎。整个 1997 年,他们在国际赛场上失利的记录仅为一场,成为当时国际羽坛无可非议的混双一号组合。

顾俊(女)身高 1.65 米,1975 年 10 月出生于江苏无锡,女子双打。顾俊 1987 年在江苏省体校开始与葛菲配对双打。1993 年底,两人一起入选国家队。1995 年顾俊世界排名升至第一。顾俊似乎是专为羽毛球女子双打而生的,她与葛菲的配合号称“天下第一双”。

主要成绩:1994 年亚洲锦标赛女双冠军、世界羽毛球大奖赛总决赛女双冠军;1995 年亚洲锦标赛女双冠军、第四届苏迪曼杯赛冠军主力成员、亚洲杯羽毛球锦标赛女双冠军、世界羽毛球大奖赛总决赛女双冠军;1996 年第二十六届奥运会女双冠军;1997 年第五届苏迪曼杯赛冠军主力成员、世界锦标赛女双冠军、世界杯女双冠军;1998 年尤伯杯冠军主力成员,亚洲锦标赛女双冠军,第十三届亚运会女子团体冠军主力成员、女双冠军;1999 年世界羽毛球大奖赛总决赛女双冠军、第六届苏迪曼杯赛冠军主力成员、世界锦标赛女双冠军;2000 年奥运会女双冠军。

龚智超(女)身高 1.63 米,1977 年 5 月出生于湖南安化,女子单打。1989 年,龚智超 12 岁时,被选进湖南省队。1996 年 5 月加入国家队以后,她的世界排名飙升,一度占据女子单打世界排名第一。在世界大赛中她屡次战胜国外强手。她打法稳健,心理素质好,球路多变,属拉开突击型打法。龚智超虽然身材矮小,但步法灵活,跑动范围大,控球能力强,且在比赛中头脑冷静,发挥稳定,有自己独有的优势。

主要成绩:1996 年亚洲羽毛球锦标赛女子单打冠军;1997 年苏迪曼杯团体赛冠军主力成员;1998 年尤伯杯赛冠军主力成员、

亚洲羽毛球锦标赛女单亚军、亚运会羽毛球比赛女子团体冠军主力成员、女单亚军;1999 年苏迪曼杯冠军主力成员;2000 年全英羽毛球锦标赛女单冠军、尤伯杯赛冠军主力成员。

高崚(女)身高 1.68 米,1979 年 3 月 14 日出生于湖北武汉,混合双打、双打。高崚 8 岁进入业余体校,1992 年入选省队,1997 年进入国家队。高崚与张军配对在悉尼奥运会上为中国夺得了奥运会历史上第一枚混双金牌,2004 年雅典奥运会两人蝉联了混双冠军。高崚还多次夺得女双世界冠军,是中国继葛菲之后又一位兼项混双和女双的优秀选手。

高崚善于在网前为同伴做球,且斗志顽强。她和张军配对在悉尼奥运会混双比赛中一鸣惊人,连克世界排名前三的选手,最终夺得冠军。同时她还和秦艺源配对夺得女双铜牌。

悉尼奥运会后高崚开始和黄穗配对女双,多次在国际大赛中折桂。她与张军配对还夺得了世锦赛混双冠军。她以骄人的战绩当选 2001 年度国际羽联世界最佳运动员。在世界排名中,高崚是女双和混双世界第一的常客。

参 考 文 献

1. 王家宏等．怎样打羽毛球．苏州:苏州大学出版社,1996年10月

2. 彭美丽等．跟专家练羽毛球．北京:北京体育大学出版社,1998年8月

3. 中华人民共和国羽毛球协会审定．羽毛球竞赛规则(2005年)．北京:北京体育大学出版社,2005年7月

4. 彭美丽主编．羽毛球技巧图解．北京:北京体育大学出版社,2005年6月

5. 陈卡佳．羽毛球高手．长沙:湖南文艺出版社,1999年4月

6. 郁鸿骏等．羽毛球竞赛裁判手册．北京:人民体育出版社,2000年5月

7. 肖杰等．羽毛球实战技巧．北京:北京体育大学出版社,2003年1月